基于国标的日语专业系列拓展教材

● 主编 黄 芳

日本文化精要

杨 羽 编著

苏州大学出版社
Soochow University Press

图书在版编目(CIP)数据

日本文化精要 / 杨羽编著;黄芳主编. —苏州:苏州大学出版社,2021.3
基于国标的日语专业系列拓展教材
ISBN 978-7-5672-3475-8

Ⅰ.①日… Ⅱ.①杨… ②黄… Ⅲ.①文化史—日本—高等学校—教材　Ⅳ.①K313.03

中国版本图书馆 CIP 数据核字(2021)第 040266 号

Riben Wenhua Jingyao

书　　名:	日本文化精要
编 著 者:	杨　羽
责任编辑:	金莉莉
装帧设计:	刘　俊
出版发行:	苏州大学出版社(Soochow University Press)
社　　址:	苏州市十梓街1号　邮编:215006
网　　址:	www.sudapress.com
邮　　箱:	sdcbs@suda.edu.cn
印　　装:	镇江文苑制版印刷有限责任公司
邮购热线:	0512-67480030　销售热线:0512-67481020
天 猫 店:	https://szdxcbs.tmall.com
开　　本:	700 mm×1 000 mm　1/16　印张:9.5　字数:166 千
版　　次:	2021 年 3 月第 1 版
印　　次:	2021 年 3 月第 1 次印刷
书　　号:	ISBN 978-7-5672-3475-8
定　　价:	38.00 元

凡购本社图书发现印装错误,请与本社联系调换。服务热线:0512-67481020

总序
General Preface

为满足社会经济发展的需求,完成中国高等教育从规模发展到以质量提升为核心的内涵式发展的转变,教育部于 2018 年 1 月出台了《普通高等学校本科专业类教学质量国家标准》。伴随着教育部《普通高等学校本科专业类教学质量国家标准》的出台,《高等学校外语类专业本科教学质量国家标准》相应出炉。国标要求培养具有国际视野和人文素养,掌握日语语言和文化知识,具备语言运用能力、跨文化交际能力、思辨能力、自主学习能力、实践能力和创新能力,能从事涉外工作、语言服务及日语教育,并具有一定研究能力的国际化、多元化外语人才。此外,国标更加注重培养日语专业人才的自主学习能力。

四川外国语大学日语系于 2019 年被选定为国家"一流专业"建设点,为了确保顺利通过国家"一流专业"验收,现正积极加强专业的建设,成立了"基于国标的日语专业系列拓展教材"编写团队,集中了我系各年级具有丰富教学经验的骨干教师。

本系列拓展教材基于国标对专业教材的要求,主要从两个方面来进行选题:第一,关于日语基础知识的 3 本教材,涵盖了词汇、句型和篇章,使学生全面掌握日语基础知识。第二,关于日本文化、历史等拓展知识的 2 本教材,有助于学习者掌握日本社会、文化、历史等方面的相关知识。本系列教材既可以用作专业教材,也可以用作教辅教材及学生自学教材。3 本日语基础知识的教材适用于日语专业低年级的学生,可以帮助学生顺利通过日语专业四级考试和日本语能力测试 N2、N1。2 本文化、历史教材,加上已由苏州大学出版社出版的《日本文学理念精要》,可以帮助学生全面了解所学语言对象国日本的文学、历史和社会文化。由于本系列教材涵盖了日语基础知识和拓展知识，因此，对于日语专业学生来说，它们是不可或缺的学习材料。

本系列拓展教材基于国标，培养学生语言运用能力、跨文化交际能力、思辨能力及自主学习能力四种能力，与时俱进，符合国标对人才培养的要求。每本教材重点突出一个新字，力求从同类书籍中脱颖而出。

《日本文化精要》是本系列拓展教材之一。本书从日本文化的历史、日本文化的神髓、日本文化的论考三个部分介绍日本文化的整体面貌。每个部分精选一二十余条重要概念加以解说及评价。全书首先介绍日本文化史中重要的类型，其次从宗教信仰、艺术形态、现代观念、古代典籍四个侧面介绍日本文化的特质，最后介绍近现代日本文化研究领域最具影响力的国内外著述。通过"历史""特质""认知"三个方面，力求呈现日本文化及日本文化论的整体风貌。本教材编著者杨羽老师系四川外国语大学日语系教师，长期担任本科生"日本概况"及研究生"日本文化专题讲座""日本文化概论"等课程的教学工作，研究方向为中日文化交流史、日本文化史。

黄　芳
2020 年 4 月于四川外国语大学

前言

　　《日本文化精要》是为我国高校日语专业本科生和硕士研究生"日本文化"课程编写的拓展型教材,是四川外国语大学日语系组织编写的"基于国标的日语专业系列拓展教材"中的一本。

　　作者在多年从事大学日语专业本科生"日本概况"课程和研究生"日本文化概论"课程的实践中发现:目前以日本文化为题材的教材虽然种类繁多,但大多以介绍日本文化和历史为主,对日本文化的各个专门领域的介绍较少,对日本文化研究方面的重要论述的相关介绍则几乎是空白的。对于立志于学习日语的学生和对日本文化研究感兴趣的读者而言,日本文化发展的脉络和整体面貌是什么样子的?应该了解日本文化中哪些有特色领域的基本常识?海内外久负盛名的日本学研究的著作究竟有哪些?基本内容又是什么?这些都是十分重要却又无法通过一两本入门书籍来快速了解的知识。

　　针对这一现象,本书的基本框架就是按照历史脉络、文化专题、重点研究的顺序,分成"日本文化的历史""日本文化的神髓""日本文化的论考"三个部分来分别介绍日本历史发展的基本过程、日本文化中的重要领域和专题、日本文化研究中值得重点介绍的经典论述。作者在参考了海内外大量文献和专著的基础上,深入浅出地将日本文化的发展历史进行了全面的介绍,涵盖了日本文化研究领域十分具有日本特色而对于初学者而言又很难掌握的专题,同时还在众多日本学研究中挑选出最具代表性的一小部分论述进行评介。

　　我们希望通过本书,读者能够对日本文化的全貌有一个整体的了解,并能从中发现自己感兴趣的部分,进行更加深入的阅读和学习。为此,作者还将本书涉及的极有价值的参考文献进行了列举,希望对读者亦有所帮助。

最后,对在本书编写过程中给予编者大力支持和鼓励的领导、同事及家人表示深深的感谢。

目录 Contents

上编 日本文化的历史

- 01 日本文化的源流 …………………… 002
- 02 绳文文化 …………………………… 004
- 03 弥生文化 …………………………… 007
- 04 古坟文化 …………………………… 010
- 05 飞鸟文化 …………………………… 013
- 06 白凤文化 …………………………… 016
- 07 天平文化 …………………………… 018
- 08 弘仁·贞观文化 …………………… 022
- 09 国风文化 …………………………… 025
- 10 院政期的文化 ……………………… 028
- 11 镰仓文化 …………………………… 030
- 12 室町文化 …………………………… 034
- 13 桃山文化 …………………………… 040
- 14 宽永文化 …………………………… 043
- 15 元禄文化 …………………………… 045

16	宝历·天明文化	048
17	化政文化	051
18	江户时代的儒学	054
19	江户时代的西学	059
20	江户时代的国学	062
21	明治前期的思想	065
22	明治时期的文艺	069

中编 日本文化的神髓

23	诸神的世界——记纪神话	074
24	"神佛习合"与"本地垂迹"	077
25	南都六宗、鉴真和留学僧	080
26	日本禅的形成	083
27	禅宗与日本文化	086
28	利休的茶	089
29	中日绘画交流的高峰——雪舟的中国行	092
30	日本风格的绘画——大和绘	095
31	狩野派的兴与衰	098
32	唐画的新样式——日本南画	101
33	艾努文化：从中心到周边	104
34	花道的历史	108
35	江户歌舞伎	111
36	日语的形成	113

下编　日本文化的论考

37 ▶ 异国的访客——皮埃尔·洛蒂《秋天的日本》(1889) ……… 116

38 ▶ 逃离西方的人——小泉八云《不为人知的日本魅影》(1894) ……… 118

39 ▶ 亚洲文化共同体的理想——冈仓天心《东洋的理想》(1903) ……… 120

40 ▶ 以日本文化观世界——西田几多郎《善的研究》(1911) ……… 123

41 ▶ 日本民俗学的诞生——柳田国男《山里的人生》(1925) ……… 126

42 ▶ 民艺与信仰——柳宗悦《杂器之美》(1926) ……… 128

43 ▶ 古代日本人的世界观——折口信夫《古代研究》(1929) ……… 131

44 ▶ 作为身体的日本文化——九鬼周造《"粹"的构造》(1930) ……… 133

45 ▶ "阴翳美"的原理——谷崎润一郎《阴翳礼赞》(1933) ……… 135

46 ▶ 哲学与人学——和辻哲郎《风土》(1935) …… 138

主要参考书目 ……… 140

上 编
日本文化的历史

01 日本文化的源流

目前尚无明确证据证明日本列岛上何时出现了最早的人类。有学者声称 50 万年前日本列岛上就已出现人类，有的学者甚至认为 100 万年前就有人类出现在这一区域。已发现的日本最早的人类化石约来自 3 万年前。目前一般的说法是大约在 20 万年前日本列岛上就已出现了早期人类。

在日本考古学及历史学的时代划分上，一般将日本列岛土器出现之前的时代称为"旧石器时代"或者"先土器时代"，并且在时间上进一步分为"前期""中期""后期"。这一时期的文化相应地被称为"旧石器时代文化"或者"先土器文化"。

这一时期的地质年代是"更新世"，也被称为"冰河时代"。直至冰河时代末期，也就是大约 15 000 年前，地质上的特征是海平面相对较低，陆地面积比现在大很多，因此一般认为这一时期日本列岛和欧亚大陆是由若干陆桥相连的。这些陆桥就是北方的库页岛一带、西边的对马岛一带及南方的琉球群岛一带。这意味着要想通过陆桥来到日本列岛定居似乎并不困难。这一时期随着气温降低，许多大型动物，例如猛犸象、驼鹿、古菱齿象、大角鹿等，沿着陆桥一南一北进入了日本列岛，而旧石器时代以狩猎为生的古人类也追逐着这些动物来到了日本列岛。在长野县野尻湖遗址从距今 4 万年前的地层中发掘出的猛犸象骨化石，证明在更新世晚期的确有古代动物群跨过宗谷海峡由北海道进入日本。

我们很难准确描述旧石器时代人的生活。一个原因是在冰河时代结束后，进入了间冰期。随着温度上升和海平面大幅升高，当时的海岸线都深深地没入水中。因此当时在海岸一带的人类很可能比现在的内陆遗址所显示的情况要多得多。在旧石器时代末期，大型的猎物越来越少，气候变暖也导致人口增加，因此出现了采集各类浆果和坚果的经济活动。这一时期虽然主要使用打制石器，但在日本的旧石器时代，已经在石斧上使用了磨制的刃口,这一点被学者视为比较独特的特征。这也说明依据唯一的标准对世界各地的文化进行分期是几乎不可能的。

至今在日本发掘的古人类化石均属"智人"①,俗称"新人"。代表性的遗址有静冈县的浜北人遗址、冲绳县的港川人遗址和山下町洞人遗址。从港川人遗址发现的一具男性遗骸来看,此人大约生活在17 000年前,身材矮小,类似于东亚其他地区旧石器时代的人类。事实上,从这一时期的地层中挖掘到人骨化石的遗址并不多见,这是因为日本地层由富含亚酸性物质的火山岩构成,骨骼和头发化石很难长时间存留在地层中。

旧石器时代的人类聚落一般以家庭为单位构成,人口约20人至150人。大多数群体只是暂时性和季节性地居住在一起,但在这个时代的末期人群开始定居下来,有了一定程度的专业分工,并出现了早期的交易。早在约2万年前,一种用来制作工具的火山琉璃"黑曜石"就通过原始形态的交易,传播范围至少达到150千米。这种交易几乎可以肯定是通过水路进行的,因此意味着旧石器时代人类已经开始使用船只运输技术。

直至第二次世界大战结束前,日本考古学者一直热衷于依据《古事记》《日本书纪》等神话与史实混淆的古文献来解释考古学发现,使得史前研究一度发展缓慢。按照这些文献中的古老神话和历史传说,日本的国土、皇族和民族以太阳神为始祖,由太阳民族而来,是神的后裔。这些神话和传说后来成为宣扬日本是"神造国家"的依据,不过戴季陶在《日本论》中早就指出这是日本人向来的一个"迷信"。

1946年考古学家相泽忠洋在群马县发现了旧石器时代的壤土层,1949年由杉原庄介领导的明治大学考古发掘队在这里找到了两层旧石器文化层,这里被命名为"岩宿遗址"。这一发现推翻了日本不存在旧石器时代的论断,证明了日本早期人类活动的事实,成为日本旧石器时代考古研究的发轫。

---

① 即homo sapiens,意指现代人类。

02 绳文文化

大约距今 1 万年前，地球气候开始变暖，由冰河期的更新世进入地质年代的全新世。气候的变化导致海平面上升，日本列岛开始逐渐与大陆分离，而气候变暖也使得大型动物走向灭绝。这一现象在考古学上被称作"绳文海进"。从 1 万年前到公元前 4 世纪，日本列岛属于新石器时代，形成了以狩猎采集经济形态为主体的"绳文文化"。

在气候方面，日本列岛属于季节风地带，不但年降水量多，而且一年四季都下雨。这种气候十分适合树木的生长，而树木则提供了丰富的果实。人们认为绳文土器一开始就是用于加热橡子等果实以供食用的工具。大约从 5 000 年前起，以本州岛中部地区为分界线，北面形成了落叶阔叶林地带，南面形成了常绿阔叶林地带。东日本森林地带的果实种类比较丰富，这个地区绳文遗址比较多大概就是因为这一原因。在新石器时代日本就出现了较为稳定的长期定居的生活形态，这在日本列岛以外的原始社会极为罕见。由于自然环境的丰饶，日本长期维持了与自然和谐共存的状态，这个绳文文化的特色被环境考古学家安田喜宪称为"森林的文化"。

绳文文化的形成首先体现在工具的进步上。随着日本鹿、野猪等小型动物的出现，绳文人发明了用以狩猎的弓箭。

同时，这一时期出现了绳文土器，成为绳文时期文化上的重要特征。绳文土器以土器表面上有草绳搓就的纹样而得名。最早的绳文土器由低温烧制，器皿壁厚实，且呈黑褐色。根据土器形质的变化，绳文时代又被分为草创期、早期、前期、中期、后期、晚期 6 个时期。

在世界范围内，新石器时代一般会出现磨制石器，并以农耕、畜牧为特征。日本的绳文文化以绳文土器为特征，伴随着磨制石器的出现，而在经济形态上，依然是以狩猎、采集、捕捞等经济活动为主。这一时期仍然使用了为数众多的打制石器，体现出日本列岛在特殊地理环境下独自的发展轨迹。

绳文人基本的生活形态是定居生活。居住样式是"竖穴式"住居。竖穴式住居样式是指在地面上挖出一个圆形或方形的坑，中间支起木柱，上面覆盖茅草而成。房屋中央设置篝火作为炊事的场所。早期的聚落仅有两三户，规模很小；中、后期出现了十几户的聚落，呈现出逐渐向定居发展的趋势。从绳文时代晚期遗址青森县三内丸山遗址可以看出，这一时期已经出现了大规模聚居的人类及大型的竖穴式房屋。聚落的中央还有广场，房屋呈环状分布在广场周围。从这些情况来看，当时的聚落应该是在特定的统治者的统帅下过着有组织的生活，依靠集体协作从事狩猎、捕捞等生产活动，生产的物资公平地分配给聚落成员。

同时，"贝冢"也屡屡被发掘出来。贝冢是绳文人将吃剩的贝壳残渣及其他生活废弃物集中丢弃的垃圾场，通常分布在绳文村落里的房屋周边。1877年，美国腕足类动物学家爱德华·S.摩斯（Edward Sylvester Morse）在大森车站一带（现东京的品川区和大田区）发掘出大量海贝类的贝壳碎片，遂命名为"大森贝冢"。随后，在东京湾东岸一带发现有大量贝冢的遗址。日本偏酸性的土壤条件使人骨等有机物很难在土壤中长期保存，但因为贝壳的主要成分是碳酸钙，可以有效降低土壤的酸性，使得贝冢附近的动物和人骨的化石相对完整地保存下来。因此，贝冢成为了解绳文人生活和文化的重要途径，也是动物考古学的重要研究对象。

这一时期以黑曜石为对象的早期交易更加频繁。黑曜石是火山岩的一种，是制作打制石器的重要原材料。例如，长野县和田峠地区产的黑曜石就被用以制作狩猎用的箭头和枪头。另外，翡翠作为一种生活装饰品也是重要的交易对象。重要的产地是新潟县的姬川一带。通过在不同地方发掘出的来自同一产地的黑曜石和翡翠的研究，可以帮助我们了解绳文人的交易形态和技术水平。

当时的生产力水准还很低，生活也不稳定，从当时的人骨来推测，可以看出妇女和婴幼儿的死亡率极高，男性的寿命也很少超过40岁。在这样的状况下，生活在很大程度上受自然条件左右，人们认为自然物和自然现象有着神秘的威力，故加以崇拜，并想通过咒术加以镇压。因此，在上述生活形态的基础上，绳文人产生了早期的信仰，这是一种相信"万物有灵"的自然崇拜。

绳文人认为自然界的万事万物和种种自然现象均有灵魂，这无疑是一种十分古老的信仰形态。伴随着这种"万物有灵"信仰，还出现了原始的巫术习俗。最具代表性的就是用泥土捏制的人形土偶。在绳文时期出土的土偶以女性形态为主，也有类似男性生殖器形状的石棒等。代表性的例子是长野县棚畑遗址出土的土偶，属于绳文文化中期。这里出土的孕妇形象的土偶因形态优美，被称作"绳文维纳斯"；青森县龟冈遗址出土的土偶属于绳文时代晚期。这里出土了戴着可以在雪地中保护眼睛的遮光罩的土偶形象，被称为"遮光罩土偶"。它憨态可掬，十分生动，代表了绳文土偶的最高水准。考古学家们推测，土偶的用途是祈求生育安全和表达对生命力的崇拜等。

　　这一时期代表性的风俗还有"拔齿""屈葬"等。绳文时代的墓葬和从贝冢中发掘的头骨的化石多有特定位置的牙齿（如门齿、犬齿等）被拔除的情况，这被认为是一种"通过礼仪"（rite of passage）。通常认为这是一种成年仪式，但也有人认为可能是族长的继承仪式。屈葬是指将死者遗体的手足曲折成特定姿势再下葬的做法。对于这种做法的目的有许多不同的理解，代表性的意见是认为这是为了防止死者的灵魂逃离躯体。

03 弥生文化

水稻种植出现于绳文时代晚期，最早开始于九州北部。在佐贺县的菜畑遗址和福冈县的板付遗址都发现了水田耕作痕迹。

在绳文文化之后，日本西部产生了以水稻耕种为基础的弥生文化，并逐渐扩展到东日本一带。不过，在同一时期北海道和冲绳地方依然维持着狩猎、采集的经济形态，这一时期北海道的文化被称为"续绳文文化"，以冲绳群岛为中心的西南群岛一带的文化则被称为"贝冢文化"。从时间上看，大约是在公元前3世纪前后，日本进入了弥生时代。从大陆传来的农业技术和金属器具的使用，构成了这个时代的两大特色。世界上其他民族从石器时代到青铜时代，再到铁器时代，一般都经历了漫长的年代，但日本是在差不多的时期同时使用石器、青铜器和铁器的。这一特征清晰表明了有外来文化的传入。因为铁器比青铜器更加坚硬、锋利，因此主要用于武器和农具，而用青铜器制作的剑、戈和铎则主要用于宗教祭祀，具有象征意义。

弥生文化的重要特征就是进入了以粮食生产为主要经济形态的历史阶段，同时开始使用青铜器等金属工具，并出现了早期的纺织技术。

这一时期使用的土器叫作"弥生土器"，呈赤褐色，因1884年在东京本乡弥生町发现了该时期的土器而得名。和绳文土器相比，弥生土器的烧制温度更高，器皿的胎壁更薄，且出现了许多用于实际生活的器皿。例如，炊事用的瓮、储藏用的壶、盛食物的高杯等。

金属器和水稻种植技术被认为是在这一时期从大陆传入的新工具和新技术，绳文时期的打制石器及竖穴式住居仍然延续了下来。

到了弥生时代中期，因为金属工具的普及和农业种植技术的提高，出现了剩余财富，由此产生了部落之间争夺彼此财富的战争，并促进了武器和防御设施的发展。较有代表性的建筑形态是环壕村落。即在村落周边挖出环状的壕沟，以抵御外来部族的侵入，例如，佐贺县吉野里遗址。此外，还出现了高地性村落，即将村落安置在地势较高的山坡上，借此提高抵御外来入侵的能力，例如，香川县紫云出山遗址。这些状况的出现无疑都只能从军事的必要性上加以解释。

随着时间的推移，各个村落和部族逐渐走向融合，出现了统一的政治实体和最高统治者——"王"。这一时期日本尚无文字，但中国的史书里有一些相关的记载。

在《汉书·地理志》中对日本地域的称呼是"倭"。书中记载日本有100多个国家。西汉王朝在朝鲜半岛设置乐浪郡，会定期派遣使者前往，有关日本的信息应该就来自这一途径。

在《后汉书·东夷传》中记载了中日早期交流的情况。书中记载倭奴国王派使者前来东汉首都洛阳进行朝贡。汉光武帝赐金印，上书"汉委奴国王"。该金印于江户时代天明年间（一说为1784年）在福冈县志贺岛一带出土，后于1931年被认定为国宝。中日双方的文献记载和考古证据得到了相互印证。书中还记载后有倭国国王名"帅升"者前来朝贡，献"生口"即奴隶160人。

在《三国志·魏书·倭人传》中，记载"倭国大乱"，随后出现了一个强大的"邪马台国"统一了这一区域，女王称"卑弥呼"向魏国派遣使臣，获得魏王赐的上书"亲魏倭王"几字的金印，并获赐铜镜。卑弥呼是一位会巫术的政治权威人士，被称为"鬼道"。这一时期出现了社会身份贵贱的分化，出现了"王""大人""下户"等社会等级。

在中国魏晋之交，卑弥呼在与狗奴国的纷争中死去，随后邪马台国陷入混乱。后来又出现一位名为"壹与/台与"（在《三国志·魏书》中写作"壹与"，在《梁书·诸夷传》中写作"台与"）的女王，她重新统一了全国，并向东晋派遣名为"难升米"的使者。不过对于邪马台国所处的位置一直存在许多争议。有靠近本州西部的"近畿说"和位于九州北部的"九州说"两种观点。《魏书》中记载着从当时朝鲜的带方郡至邪马台国各地的地名及路程。这些地名中有投马国（对马国）、一支国（壹岐国）、末卢国等位置很清楚的地方，也有位置不清楚的地方。因此对于邪马台国的位置出现了畿内说和九州说两种看法。如采纳畿内说，就表明3世纪已经成立了统一整个西日本的国家；如采纳九州说，那就等于说地方性的统一尚未完成。

西日本一带雨量较多,气候较温和。由于这种自然环境,水稻耕作迅速在这一带普及。在水稻种植技术的发展方面,前期是效率低下的湿田,后期发展为效率高且需要进行灌溉的干田。农业工具也有极大发展,开垦时使用木制的锄、锹,收割时使用石制镰刀。谷物脱皮使用木臼和杵。储藏粮食使用"高床仓库"和储藏穴。除了这些木质和石质工具之外,也开始使用铁质的工具。播种方式从撒播发展到插秧。

在墓葬样式上,一般为共同墓地,形态为木棺墓和箱式石棺墓,埋葬方式多为伸展葬。同时出现了支石墓。较有代表性的墓葬形式是坟丘墓。还有在方形坟丘的四周挖出壕沟的方形周沟墓。在九州北部出现了瓮棺墓,内有用青铜制造的武器、铜镜等陪葬品,显示了贫富差距和阶级的出现。

到了弥生时代后期,这种墓葬出现了大型化倾向。例如,冈山县楯筑坟丘墓。同时还有鸟取县的妻木晚田遗迹,根据其外形被称为"四隅突出"型坟丘墓。

这一时期青铜器被用于祭祀活动。这些青铜制祭祀器皿有铜铎,主要在畿内出土;铜剑,主要在濑户内海一带和山阴地区出土。有名的是荒神谷遗址出土的多达300余支的铜剑;铜矛、铜戈则主要出土于九州北部。

04 古坟文化

　　一般认为,大和朝廷建立统一国家是在4世纪前半期完成。3世纪后半期至4世纪初,以畿内地方为中心,产生了具有巨大坟丘的特定个人的墓葬——古坟。它表明出现了拥有很大权力的统治者。4世纪至6世纪前后在考古学上被称作古坟时代,并分为前、中、后三期。

　　在弥生时代后期,西日本出现了大量外形为前方后圆的坟墓。一般拥有竖穴式石室,用以埋葬方形木棺。竖穴式石室是从上往下开凿墓室,埋葬墓主后就无法再追葬其他人。和弥生时代一样,铜镜等具有巫术性质的陪葬品也被大量挖掘出来。在这种墓制出现初期,代表性的古坟是奈良县的"箸墓古坟"。在大和地方集中出现了大规模的古坟群,因此这一地区被视为出现了强大的政治联合体,叫作"大和"。大和政权支配范围不断扩张,在4世纪中期到达了东北地方的中部和九州南部一带。

　　在古坟时代前期,出现了大型前方后圆坟、前方后方坟及数量众多的圆坟、方坟。在坟丘顶部,排列着大量被称为"埴轮"的土俑。坟墓斜面以石材覆盖。棺材整体以黏土包裹。陪葬品主要有"三角缘神兽镜"这种铜镜,具有巫术和占卜的功能。

　　自4世纪至5世纪,古坟时代进入最繁荣的时期。这时出现了大规模的前方后圆坟集群。这是大和王权的代表"大王"的坟墓。代表性的有大阪府的"大仙古坟(大山古坟)",相传是仁德天皇陵,规模堪称世界最大的坟墓之一,并和胡夫金字塔、秦始皇陵并称为"世界三大坟墓"。它主轴长约480米,高33米,总面积为46万平方米。创立于1892年的日本著名建筑公司"大林组"曾在1985年对所需要的人工进行了细致的测算,推测建造这样的坟墓,高峰期要动员2 000人,从平整地面开始到所有工程完工需要花上15年的时间。能建造起这样巨大的古坟,是因为从中国或朝鲜传来了许多铁制器具和新技术,从而提高了生产力。在大阪府还有"誉田御庙山古坟",

相传是应神天皇陵。不过,古坟的样式发生了变化。棺室由竖穴式石室转变为横穴式石室。古坟也开始向四周普及,例如,出现了冈山县的"造山古坟",这是日本规模第四的古坟。

这一时期日本国内缺乏可信赖的文字资料,只能通过中国和朝鲜的部分简略记录了解相关情况。这一时期在朝鲜半岛北部的"高句丽好太王碑"记载了大和政权与朝鲜半岛北部国家高句丽的交战史实。中国南北朝时期的《宋书·蛮夷传》记载了"倭之五王"前来朝贡的情况。五王分别称作"赞、珍、济、兴、武",史学家们根据文献记载和考古学研究认为,其中"武"王应该是雄略天皇。这是日本历史上第一位被确认真实存在的天皇。

"渡来人"是在古坟时期,主要从朝鲜半岛带着中国地区先进的生产技术进入日本的部族。随着同朝鲜半岛及中国南朝关系的加深,由这些地方迁到日本的人们带来了大量大陆先进的文化,使织布、金属加工、制陶、土木建筑等获得迅速的发展。传说中著名的渡来人有"王仁",他带来了文字,是西文氏的祖先。"阿知使主"是东汉氏的祖先。"弓月君"带来了织机,是秦氏的祖先。将炼铁技术带到日本的部族被称为韩锻冶部。将制陶技术带到日本的部族被称为陶部。将纺织技术带到日本的部族被称为锦织部。将金属加工技法带到日本的部族被称为鞍作部。这一时期开始使用汉字,借用汉字的发音来表记日本人的姓名和地名。使用汉字的部族被称为史部。在埼玉县稻荷山古坟出土的铁剑上,就镶嵌着汉字铭文。

这个时期据传朝鲜半岛百济"五经博士"传来了儒家思想的书籍。百济的"圣明王"将佛教传入日本。在钦明天皇时期,也就是古坟文化向飞鸟文化过渡的时期,对于是否应该引入佛教,朝廷发生了"拒佛派"和"崇佛派"的激烈分歧,最终"崇佛派"取得了胜利,使得佛教被引入了日本。还出现了记载历代大王系谱的《帝纪》和朝廷传承的《旧辞》,它们是日本最古老的史书《古事记》《日本书纪》的前身。

到6世纪以后,古坟时代进入后期。横穴式石室更加普遍。墓室称为"玄室",通往墓室的甬道称为"羡道",共同构成横穴式棺室。墓葬的陪葬品埴轮中出现了动物和人物的形象。在九州北部的福冈县、熊本县一带出现了在墓室墙壁和石棺上用雕刻、上色等形式进行装饰的"装饰古坟"。例如,福冈县桂川町的王冢古坟遗址和熊本县山鹿市的奇部桑古坟遗址,体现出一定的地域性。

另外还出现了新的墓葬形态"群集坟",是大量古坟集中于一处的形态。代表性的是奈良县新泽千冢古坟遗址和埼玉县比企郡吉见町吉见百穴遗址。一般认为,这是因为部分具有经济实力的农民也开始建造古坟。

在近畿地方,继续出现规模巨大的前方后圆坟,而在其他地区大型古坟有所减少。这或许是因为大和政权的势力不断扩展,并促使各个地方的豪族服从自己的统治。

古坟时期重要的特征是出现了明显的阶级分化,豪族和民众是两个截然不同的群体。豪族居住在"居馆"里,这是一种四周挖有壕沟并设有栅栏的住宅。民众的住宅和弥生时代差别不大,依然是竖穴式住居,并修有高床仓库。从5世纪开始,在住宅内部出现了炉灶。

土器也有了进一步发展,出现了"土师器"和"须惠器"两种类型。土师器延续了弥生土器的特质,烧制温度低,器皿呈土褐色且易碎。而须惠器则使用了从朝鲜半岛传入的烧制技术,烧制温度高,器皿坚硬耐用,呈灰黑色。

古坟时期贵族男性的穿着叫"袴",是一种宽松的裤子;女性的穿着叫"裳",是一种裙子。这是通过埴轮所展示出来的形象而得知的。

在信仰方面,出现了农耕祭祀。在春季祈祷丰收的仪式是"祈年祭"。在秋季感谢丰收的是"新尝祭"。直到今天,还有"勤劳感谢日"这样的节日,正是古老风俗的体现。

祭祀活动有三种形式。一种是祭祖,出现了氏神信仰。一种是自然,例如,奈良县大神神社举行的"三轮山"祭祀活动,以及福冈县冲之岛宗像大社之一的冲津宫祭祀田心女臣神的活动。一种是祭祀出现在传说中的古老的神。比如,三重县伊势神宫祭祀的是日本天皇一族的祖先"天照大神"。岛根县出云大社祭祀的是"大国主命神"。出云大社还是求良缘的圣地。大阪府住吉神社祭祀的是海神。

在民间,也留存着许多巫术信仰的习俗。例如,"禊"和"祓",是一种扫除污秽、净化身心、以求免除灾难的仪式。"太占"是一种烧灼鹿骨以占卜吉凶的方式。"盟神探汤"是将手伸入热水中以判断真伪,如果未被烫伤则被认为得到了神的首肯。

05 飞鸟文化

飞鸟文化是指从钦明天皇至推古天皇时期的文化,是日本最早的佛教文化。大约是从6世纪前期到7世纪中期大化改新(645)期间约一百余年的文化。

到了5世纪后半期,在大和国家的内部出现了豪族之间的对立,其影响危及大王的地位。据《古事记》《日本书纪》中所说,这时在暴虐的武烈天皇之后,王位继承人一度空缺,后来虽从北陆地方迎来了钦明天皇,但各地发生了豪族的叛乱,如筑紫的豪族磐井①同新罗相勾结,在九州发动"磐井之乱"(527)等。在朝鲜半岛上,日本的据点任那则在562年为新罗所灭。这样的形势进一步加剧了大和国家内部豪族之间的对立。大伴氏在朝廷失去了势力,苏我氏和物部氏代替大伴氏兴起,两者之间在是否引入佛教的问题上形成了尖锐的对立。因此,为了解除这样的危机,大和朝廷企图同因拥有众多来自东亚大陆的归化人集团而变得强大的大豪族苏我氏结成联盟来加强统治。6世纪末,苏我马子打倒了物部守屋,垄断了政权。但这样一来,天皇氏的势力也受到了威胁。592年苏我马子与崇峻天皇对立,并暗杀了崇峻天皇。继之即位的推古天皇于第二年任命侄儿圣德太子②为摄政,令其与苏我氏合作,进行改革。

当时中国已由隋朝于589年实现了统一,结束了南北朝对立的时代。亚洲的形势发生了巨大的变化。大和朝廷为了汲取中国大陆的先进文化,以此来推进国内的统一,加强王权,因此直接寻求同隋朝的交往。607年,小野妹子作为遣隋使赴中国。据中国史书《隋书·倭国传》和《日本书纪》的记载,日本给隋朝的国书中所表明的态度与"倭之五王"的时代有所不同,这

---

① 《古事记》中称"竺紫君磐井",《日本书纪》中称"磐井",《筑后风土记》中称"筑紫君磐井",后也有"筑紫国造"的称呼。

② 据说圣德太子出生于马厩,在日本史书中亦被称为"厩户皇子"。

次是主张对等的立场。隋炀帝于第二年也向日本派去使节裴世清,但最终未能抵达日本。另外,遣隋使中有高向玄理、南渊请安、僧人旻等许多留学生、学问僧同行,他们在中国待了很长时间,加深了中日文化交流。

因此这一时期日本的政治生活和文化形态受到了来自朝鲜半岛百济、高句丽和中国南北朝时期及隋朝的影响。

圣德太子制定了根据个人的才能和功绩而分别给予十二种官位和爵位的制度,即"冠位十二阶",并颁布了《宪法十七条》,宣扬当政者的思想修养,主要内容是崇敬佛教,服从作为国家核心的天皇等。圣德太子还采用佛教作为巩固统治的思想,企图以此来推进国家的统一。相传他亲自深入研究佛教,著有注释佛教经典的书籍《三经义疏》①,这也表明了这时日本人已经能比较深刻地理解来自东亚地区的文化。

这一时期常见的建筑技法是在地面基石上修建立柱再搭建建筑的样式,脱离了绳文时期以来将立柱根基埋于地下的"掘立柱"结构。由于圣德太子和苏我氏的保护,佛教迅速流行,很多豪族都建造了家庭寺的"氏寺"。代表性的寺庙有苏我氏创建的飞鸟寺、舒明天皇创建的百济大寺、圣德太子创建的四天王寺和法隆寺等。

现存的法隆寺是世界上现存最早的木制结构建筑。但它并不是当时修建的,在法隆寺下发掘出被认为是建造初期的法隆寺遗址,称为"若草伽蓝",曾在火灾中烧毁,现存法隆寺是其后重建的,至少是公元670年以后的建筑。法隆寺的一部分立柱呈两端收缩、中部膨胀的形态,体现出和古希腊神庙相似的建筑特征,因此也被视为受到了西方文明的影响。

在佛像雕刻方面,主要有受到中国北朝风格影响的"北魏样式"和受到南朝风格影响的"南朝样式"两种风格。

北魏样式代表性的佛像有法隆寺金堂释迦三尊像,为著名雕刻师鞍作鸟所作。法隆寺梦殿救世观音像,据传是比照圣德太子的容貌雕刻的。飞鸟寺释迦如来像也是鞍作鸟的作品。这些雕像的特征是左右基本对称,通常带有似笑非笑的表情,神情庄严。

南朝样式代表性的佛像有法隆寺百济观音像。广隆寺半跏思维像和中

---

① "三经"是《法华经》《胜鬘经》《维摩经》,"义疏"即注疏。

宫寺的半跏思维像，表情柔和。百济观音像的特征是八头身。半跏思维像则摆出一种独特的姿势，一只脚搭在另一侧的膝盖上，单手撑住下颚，似乎在思考什么。

重要的绘画作品有法隆寺玉虫厨子①上的须弥座绘和扉绘。玉虫厨子是这一时期最具代表性的佛教工艺品。厨子是一种放置佛像的装饰柜。在外侧四周贴满吉丁虫的绿色硬翅，总计有9 083枚，在阳光下泛出墨绿色的光芒，显得十分美丽。

中宫寺天寿国绣帐据传是圣德太子逝世后其妃橘大郎女所刺。内容为展现圣德太子升天后所在天寿国的样子。这是研究飞鸟时代染织工艺、绘画、服装、佛教信仰的重要物品。

法隆寺所藏四骑狩狮文锦还显示出受到现在伊朗一带文化的影响。这种狩狮图案在萨珊王朝的器皿上十分常见。法隆寺所藏锦缎应该是在唐朝生产后传至日本的。

在这一时期，据传百济的僧人"观勒"带来了历法，高句丽的僧人"昙征"带来了纸、笔、墨等文具，促进了文化的繁荣。在成书于10世纪的《圣德太子传历》中记载，太子曾在斑鸠宫召见过昙征。

---

① 龛，是供奉佛像、神像的小阁子。

06 白凤文化

大化改新以来,近 30 年期间成为政治核心的人物是天智天皇。他于公元 672 年去世,这一事件使国家政治陷入了极大的动荡。在天智天皇统治的末期,国内的新旧势力、新势力内部的对立等,错综复杂地交织在一起,矛盾日益尖锐。拥护天智天皇的弟弟大海人皇子的势力与拥护天智天皇的儿子大友皇子的势力于公元 672 年兵戎相见,史称"壬申之乱"。大海人皇子在这次内乱中取得胜利,随后在飞鸟净御原即位,成为天武天皇。其后在国家层面以"律令制"来加强统一国家的方针已经不可动摇,天皇的权威得到了增强。天武天皇加强了国家对土地和人民的支配,制定了官吏官位升降的制度,把旧有的豪族当作官吏组织起来,施行"飞鸟净御原令",加强了以天皇为中心的中央集权。这一时期还着手编纂国史,国史成为后来的《古事记》《日本书纪》,均是这一事业的延续。另外,还仿照中国唐朝的都城制,在飞鸟的北面建造规模宏大的藤原京。

文武天皇大宝元年(701),由刑部亲王及藤原镰足的儿子藤原不比等人完成了《大宝律令》,对后世产生很大的影响。"律"相当于刑法,基本上照搬唐律。而规定国家组织及官吏职责的"令",尽管是仿效唐朝的制度,但也考虑了当时日本的实际情况,因而具有自己的特色。至此,效仿中国地区高度发展的文明制度而建立的中央集权制国家的目标终于实现。

白凤文化是指在 7 世纪中叶至 8 世纪初,以天武天皇和持统天皇夫妇二人的时代为中心的文化。从时间上看,是大化改新(645)以来至迁都平城京(710)之间的时代。对日本而言,这是一个努力汲取中国初唐文化、试图建立以天皇为中心的律令制国家的阶段。文化充满了清新气息,显得很有活力。同时佛教文化开始在日本生根发芽,奠定了白凤文化的基础。

最具代表性的建筑是天武天皇时期建造的药师寺,是为祈祷后来成为持统天皇的皇后早日病愈而建。寺内的重要建筑是药师寺东塔。这是一个三重塔,但每一重均有一个称为"裳阶"的装饰性屋檐,和三重屋檐形成大小搭配,仿佛女子衣物的裙摆一般,展现出宛如音乐的韵律,因此被后世的美国艺术学者费罗洛沙(Ernest Francisco Fenollosa)称为"凝固的音乐"。费罗洛沙是近代对东亚艺术做出过巨大贡献的人物,美国最大的东亚艺术博物馆"波士顿博物馆"即由他创建。

天武天皇时期还建造了大官大寺,大官大寺同为这一时期的重要寺庙建筑。

药师寺金堂里保存着这一时期的代表雕塑药师三尊像和东院堂的圣观音像。

法隆寺有阿弥陀三尊像和梦违观音像。法隆寺虽然是飞鸟时代所建,但这几尊佛像是白凤时期的雕塑。

另一个重要代表是兴福寺佛头。原本是山田寺的本尊,山田寺和所藏佛像毁于火灾,仅留下佛像的头部。这是为了吊唁苏我石川麻吕[①]而修建的。他是飞鸟时代的豪族,也是持统天皇的祖父。佛头气宇宏大,给人以明朗的印象。

在绘画方面,这一时期同样受到了佛教的深远影响。高松冢古坟壁画和法隆寺金堂壁画是重要的代表作品。

这一时期十分重视中国文化,汉诗文受到推崇,出现了像大津皇子这样优秀的作家。同时也出现了日本本土的诗歌形态"和歌"。出现了像柿本人麻吕、额田王那样杰出的和歌诗人,这些和歌诗人留下了很多长歌、短歌[②]。这一时期的很多作品忠实地表达了人们的思想感情,十分感人。

---

① 在日本古文献中,对"苏我仓山田石川麻吕"的姓和名的认定并不一致。有的书籍认为"石川麻吕"是名,有的则认为"麻吕"是名。

② "长歌"和"短歌"都是和歌的形式之一。长歌是指五音节诗句和七音节诗句交替出现,并且至少出现三次以上的诗歌。短歌是其简约形式,共有五句,每句音节分别为五、七、五、七、七。

07 天平文化

奈良时代（710—794）以圣武天皇时期为中心的文化被称作天平文化。随着中央集权国家的确立，生产力得到了极大提高，同时社会财富集中到中央，这使得皇族和贵族在生活富裕起来的同时，开始热衷于吸收盛唐文化。在这一时期，西方各国的文化也通过唐朝而传入日本，所以当时的日本文化很富有国际色彩。这个阶段的文化以贵族文化进入非常成熟的阶段为特征。

文化上最重要的表现首先体现在史书编撰事业出现了很大的发展。国史的编纂开始于圣德太子的时代，但苏我氏灭亡时烧毁了很多上古资料，因而编撰工作一度中断了。后来由于律令国家的成立，出于要说明朝廷统治权的起源及其以后历史的需要又开始编撰国史。在元明天皇时期，以稗田阿礼口述，由太安万侣笔录，于712年（和铜五年）编撰完成了《古事记》。据说，《古事记》是天武天皇时期讨论了自古以来在宫廷中口头流传的"帝纪"和"旧辞"，并由稗田阿礼默记下来，然后根据其记忆编写而成的。当时还没有发明表音文字的"假名"，所以把汉字的音和训并用来表达和记录日语，用这种方法表示的日语被称为"万叶假名"。《古事记》就是用这种万叶假名书写的。这部历史书籍以故事的形式讲述了从神话时代到推古天皇时期的历史。

在元正天皇时期，以舍人亲王为中心编撰了《日本书纪》，成书于720年（养老四年）。这是一部以编年体的形式记述从神话时代到持统天皇时期历史的书籍，用汉文书写，并引用了中国和朝鲜的文献。《日本书纪》成了以后官撰史书的范本。

截至10世纪初，中央政府共组织编撰了6种历史书，合称作"六国史"。《日本书纪》是六国史的第一部。随后出现的五部史书分别是《续日本纪》《日本后纪》《续日本后纪》《日本文德天皇实录》《日本三代实录》。

这一时期还编撰了系列地方志《风土记》。公元713年(和铜六年),政府命令各地方呈献有关当地地理、物产和传说的记录。《风土记》记载了各个地方的地志、特产、地名的由来和传说故事等。现在完整保存下来的只有《出云风土记》,而常陆、播磨、肥前、丰后四国的风土记也有部分残留了下来。

因为和唐朝的交流非常频繁,能写汉诗、汉文成为贵族和官僚的基本文化修养。大化改新时,日本人已能写汉诗、汉文。到了奈良时代,汉诗、汉文的写作和鉴赏能力已被当作贵族必备的修养而受到重视。日本现存最古老的汉诗集《怀风藻》就是完成于这一时期的公元751年(天平胜宝三年),收录了天智天皇时期以后的作品。主要有淡海三船(《唐大和上东征传》的作者)、石上宅嗣等人的诗作。此外,石上宅嗣还创办了日本最早的图书馆"艺亭"。

收录了一直到奈良时期的和歌作品的《万叶集》是这一时期最具代表性的文学作品。收录诗歌达4 500首之多,按照不同时代可分为四个时期。第一时期的代表诗人是额田王,第二时期的代表诗人是柿本人麻吕,第三时期的代表诗人是山部赤人,第四时期的代表诗人是大伴家持。但是《万叶集》的价值不仅于此,其价值更在于同时收录了东北居民的诗歌"东歌",以及戍守边疆的兵士们的诗歌"防人歌",使我们得以了解这些身份卑微的人们的生活和情感。

随着律令制的确立,在中央设置了教育机构"大学",在地方设置了"国学",中央的贵族、官吏及地方豪族的子弟接受了当官为吏的教育。教授的内容包括儒家经典的"明经道"、法典的"明法道",以及9世纪以后开始的汉文和历史的"纪传道"。

从圣德太子时代起,日本的统治阶级就已经产生了这样的想法,即把佛教的"镇护国家"思想当作日本的国家统一的思想基础。这种想法随着律令国家的成立而进一步增强,国家建造了很多大寺院,给予了种种保护。当时的僧侣都为国家举行法会和祈祷,同时研究从中国传来的佛教教理。奈良时期,被称作"奈良佛教"的佛教形态获得了极大发展。"奈良佛教"在奈良以"南都六宗"为中心开展佛教研究活动。南都六宗包括三论宗、俱舍宗、成实宗、律宗、华严宗、法相宗。重要的僧人包括行基、玄昉和鉴真。行基等僧侣曾以畿内为中心，为农民兴造灌溉设施，架桥铺路，举办各种社会事业，一度遭到了严厉的镇压。玄昉则获得了圣武天皇的信任。南朝六宗并非现在意义上的教派，更像是以东大寺为中心相互学习、切磋不同教义的学派。

鉴真在饱尝艰辛之后，终于在754年抵达日本。他将戒律传播到了日本。他在日本获得了极大的尊重，鉴真像至今仍保存在唐招提寺。这是日本最古老的肖像雕刻作品。779年，谈海三船写成鉴真的传记《唐大和上东征传》，成为了解鉴真事迹的重要史料。

这一时期的佛教有着促进社会发展的积极因素。例如，光明皇后就创办了救济贫民的机构"悲田院"、为贫民治疗的机构"施药院"等民间机构。

但总体而言，这一时期"国家佛教"的色彩十分浓厚。佛教被视为国家的守护力量，这种想法出自一种被称作"镇护国家"的思想。圣武天皇就在各地修建国分寺，营造大佛，企图利用佛教的力量来加以稳固政权。但国家的财政因此变得更加困难了，对农民的剥削也加重了。

同时还出现了一种"神佛习合"的思想。这种思想认为日本本土的原始神与佛教中的诸神本来是同一个神。这是日本本土佛教的重要特征，对后世产生了较大影响。

奈良时代有组织地吸取了大量的盛唐文化，留下了许多优秀的文化遗产。在建筑方面，有代表性的建筑如东大寺，内有法华堂和正仓院。正仓院采用了具有高度防潮效果的结构"校仓造"，整个建筑分为南仓、北仓和中仓，收藏了大量从中国唐代传入的器物。尤其是圣武天皇死时，光明皇太后献给东大寺天皇的遗物及大佛开眼仪式所用的道具，是文化遗产的一大宝库，已作为正仓院的宝物保存了下来。正仓院收藏的工艺品还有受印度、伊斯兰、东罗马影响的文物，对于了解中国唐代的文化乃至当时文化交流的实际状况都极其重要。还有为祭奠鉴真和尚而修建的唐招提寺，内有金堂和讲堂。

奈良时期的佛像建造方式是以木棍搭建骨架，然后在外面以黏土塑形而成。东大寺的日光菩萨像、月光菩萨像和金刚力士像都是十分典型的塑像。尤其是月光菩萨像表情淡雅，显示出极高的艺术造诣。

另一种佛像雕刻方式是在木造骨架上裹上一层层麻布，然后再涂上多层漆，等漆充分干燥后雕刻出形象。代表性的佛像有东大寺不空羂索观音像、唐招提寺鉴真像和兴福寺八部众像。其中阿修罗像令人印象深刻。

收藏于正仓院的《鸟毛立女屏风》、药师寺的《吉祥天女像》是代表性的绘画作品。《过去现在因果经绘》卷被视为日本绘卷风格画作的最早作品。

正仓院宝物"螺钿紫檀五弦琵琶"是代表这一时期中日文化交流的典型工艺品。此外，正仓院的"漆胡瓶"也很有特色。

称德天皇时期出现的《百万塔陀罗尼经》被视为最古老的印刷品。

08 弘仁·贞观文化

弘仁·贞观文化属于平安时代初期的代表性文化。弘仁是嵯峨天皇时期的年号,贞观是清和天皇时代的年号。

弘仁·贞观文化是以平安京的贵族阶层为主体的文化。贵族既是文化消费的阶层,也是参与国家治理的高级官僚。这一时期的文化深受中国唐风文化的影响,呈现出极高的汉唐文化的特征和国际化的风采。贵族阶层推崇的是"文章经国"思想,进入了以文艺为中心的文化阶段,并促进了汉文学的发展。

平安时期的文化最重要的表现首先是佛教的新发展。这是与当时朝廷内皇统的变化密不可分的。奈良时代的天皇皇位由天武天皇的子孙或妃子(天明天皇)所继承,但称德天皇死后,其妹井上公主的丈夫白壁王登上皇位成为光仁天皇。因为光仁天皇是天智天皇之孙,使得天武系统被中断。这就是从天武系统到天智系统的家系变化。光仁天皇与渡来人之后高野新笠所生的山部亲王成为皇太子,这就是后来的桓武天皇。光仁天皇和桓武天皇统治时采取了新的政治方针,首先就是纠正奈良时代对佛教的过度信仰。在后来的江户时代,由水户藩从17世纪中叶前后开始编纂的《大日本史》十分重视这一变化,并试图将之视为基于中国"易姓革命"思想的一种巨变。

在桓武天皇的护佑下,佛教出现了新的形态。桓武天皇时期,以平城京(奈良)为中心的佛教势力十分强大,影响力深入宫廷之内。因为奈良佛教的主要特征就是"镇护国家"思想,导致出现了道镜这样扰乱朝纲的人物。为了避开佛教势力的干扰,桓武天皇决定迁都,最后定都京都,史称"平安京"。实际上,当光仁天皇让位于桓武天皇的那一年(781),年号就被改为"天应"。这是中国"谶纬说"(预言未来凶吉的做法)所说的辛酉革命之年,可见在当时中国风格的文化即汉风文化已经获得朝廷的莫大支持,这个时期的显著发展不是偶然的。

平安佛教的特征是正式引入了"密教"。密教是相对于"显教"而言的称呼，即以秘密传授的方式，依靠"顿悟"来领悟佛教的真谛。其中以"加持祈祷"这种形态最具代表性。"加持"是获得神灵庇佑的意思。这是一种通过手持神秘咒符进行祈祷，祈求获得现实幸福，即重视"现世利益"的祈祷形式，因此立刻在皇族、贵族阶层中获得了巨大的支持。

代表性的密教派别是天台宗和真言宗。

和尚最澄在比睿山延历寺开天台宗。最澄曾作为遣唐僧人来到中国，将其在天台山所学带回日本。当时仅在观世音寺、东大寺、药师寺设有戒坛，最澄著的《显戒论》一书对奈良的旧佛教状况进行了批判。随后最澄的弟子圆仁和圆珍将其所传佛教转换为密教。因此天台宗亦称为"台密"。不过圆仁和圆珍因为见解不同最后走向决裂，圆仁占据延历寺被称为"山门派"，圆珍建园城寺被称为"寺门派"。

和尚空海在高野山金刚峰寺和京都教王护国寺开真言宗。最澄和空海于804年同时来到唐朝。最澄于805年即返回日本，空海在一年后的806年才返回日本。这一年的时间差造成了二人对密教理解上的不同。空海被认为学到了当时在中国也算是最先进的密教思想，因此回到日本后立刻受到极大推崇，这也导致二人的关系最终恶化。空海著《三教指归》，对儒释道三教进行了比较，强调了佛教的优势。因为教王护国寺别称"东寺"，真言宗也被称为"东密"。

天台宗、真言宗等密教和本土的山岳信仰相结合，出现了"修验道"，即到大山深处进行佛教修行的行为，这种人士被称为"山伏"。

此外，神道教和佛教还出现了融合的趋势。比如，在神社内修建被称为"神宫寺"的寺庙，在寺庙内也举行对神道教神灵的祭祀活动。寺庙里常常看见的"僧形八幡神像"，就被认为是一种僧人的形象，但其实是神道教的神的形象。这种神道教和佛教的融合被称为"神佛习合"。

宫廷的仪式也十分重视向唐朝学习，因而具有浓厚的中国风格。

这一时期出现了大量汉诗集。既有天皇发布诏令而编撰的敕撰汉诗集《凌云集》《文华秀丽集》《经国集》，也有空海的个人诗集《性灵集》。空海还撰写了汉诗评论集《文镜秘府论》，是以中国诗歌创作理论为基础的文学理论书。

大学是重要的教育机构。主要学习以中国儒学思想为主的"明经道"和以中国历史为主的"纪传道",因此也出现了专门教育贵族子弟的寄宿私塾性质的学校"大学别曹"。代表性的有和气氏的弘文院、藤原氏的劝学院、在原氏的奖学院、橘氏的学馆院。空海还设立了以庶民教育为主的综艺种智院。

　　以天台宗和真言宗的传播为契机,密教得到了极大发展,这也体现在各种艺术形态上。密教美术十分盛行。寺庙出现了不拘泥于固定形式的伽蓝配置。代表性的寺庙有室生寺金堂和五重塔。

　　这一时期,佛像的建造因为受到场地限制和技法的发展,出现了"一木造"的新方法,朝着小型化的方向发展。代表性的作品有观心寺的如意轮观音像,神护寺、元兴寺的药师如来像,室生寺金堂、弥勒堂的释迦如来像等。

　　佛教绘画也有所发展。代表性的有园城寺不动明王像,别称"黄不动"。曼荼罗这种绘画也十分盛行。曼荼罗是描绘佛教世界的一种绘画。例如,《神护寺两界曼荼罗》《教王护国寺两界曼荼罗》都是十分著名的作品。

09 国风文化

平安中期，随着遣唐使的废止，东亚的国际关系发生了巨大变化。时任太政官参议的菅原道真一度被选为遣唐使，但他上书朝廷，认为"安史之乱"以后的唐朝走向衰落，渡海的航路亦充满风险，因此建议废止遣唐使。随后唐朝灭亡，中国进入五代十国的分裂时期，一直到宋朝才再度实现全国统一。在这个过程中，中日间的政治、文化交流急遽减少。来自中国唐风文化的影响逐渐消失，各个文化领域开始出现大量本土化特征，这些文化被称为"国风文化"。这是展现日本风土人情和日本人情感、趣味的文化，表现出优雅、洗练的风格。这一时期中日之间的贸易和文化交流仍然未断。日本与宋朝未能建立正式的邦交，不过商船的往来相当频繁。同时中国东北部的渤海自奈良时代以来一直同日本保持着密切交流。

佛教在日本得到进一步普及。如果说"镇护国家"思想是奈良时代佛教的重要特征，那么，平安初期重视"现世利益"的密教在摆脱奈良佛教的影响之后在京都一带发展起来。而到了平安中期以后，净土教则获得了主流地位。净土教信奉"阿弥陀佛"，认为现世充满厄难，只有在来世进入极乐净土的世界才能获得终极解脱，阿弥陀佛则拥有将凡人送入天国的力量。提出这种主张的主要背景是这一时期开始流行"末法思想"。末法思想认为佛教的教义会随着时间推移而逐渐式微，最后完全断绝而进入末法时期。所谓末法时期，就是释迦牟尼的思想已经完全失传的年代。当时的人们甚至认为在释迦牟尼涅槃2 000年后的1052年，即是末法时期的元年。根据这种思想，当时正值进入末法之世，政治混乱，瘟疫、天灾不断，似乎也证实了这种说法。人们出于对这些现象的不安，因而被主张来世得救的净土教所深深吸引。

在10世纪中叶，僧人空也开始在京都一带布教，京都一带故被世人称为"市圣"，空也所传就是极乐净土的思想。在10世纪末，被后人尊称为"惠心僧都"的僧人源信著佛教教义《往生要集》，用净土教的思想劝说世人，认为要想死后去往极乐世界，除了一心向佛之外，别无他法。在这个时期，一种关于往生的佛教书籍开始出现了，它记载了那些据说是去往极乐世界的人们的生平事迹，向人们展示去往极乐净土的诀窍。例如，庆滋保胤著的《日本往生极乐记》是其代表之一，记载了圣德太子等45位据说获得极乐永生的人物的事迹。

净土教美术也随之流行。首先，阿弥陀堂的修建体现了这一时期艺术和宗教的主题。例如，藤原道长所建发成寺阿弥陀堂和藤原赖通所建平等院凤凰堂。在雕刻方面，武士出生的定朝采用了寄木造技术制作了平等院凤凰堂阿弥陀如来像。这一时期绘画上的特色是"来迎图"绘画的出现。例如，《高野山圣众来迎图》表现了阿弥陀佛迎接去往极乐世界的人们的场面。

平安中期"神佛习合"思想进一步发展，出现了"本地垂迹说"。本地垂迹说认为佛是普度众生的，但是以神的形态降临于人间。根据这种说法，皇室的祖先神天照大神就成了佛教的大日如来的化身，并把全国各地神社的神规定为特定的佛。其结果就是寺院也把它的守护神当作神道的镇守神在寺院里祭祀。这种状况一直延续到明治维新时实行神佛分离为止。同时，这一时期还产生了对灵魂的信仰。这种信仰认为瘟疫、天灾乃是怨魂作祟，因此主张要祭祀不幸而死的人们的灵魂。各地不断举行"御灵会"，就是为了安抚像早良亲王、菅原道真这些政治上失势者的亡灵而举行的祭祀仪式。比如，北野神社据说祭祀的就是菅原道真的亡魂，每年在京都八坂神社举行的祇园祭也是来自这种习俗。

从万叶假名简化发展而来的平假名和片假名开始使用。平假名出现在女性文学作品中，同时取自汉字部首的片假名也出现了。贵族官僚们虽然在正式的公文中依然使用汉字，但私下已经开始使用假名文字，例如，藤原道长所著的日记《御堂关白记》就是代表之一。这样的表音文字在9世纪已相当普及，到10世纪初已逐渐定型。由于假名的普及和发展，日语终于能够自如地表达了，从而出现了像《古今和歌集》中那种被称作"古今调"的纤细、精巧的诗歌风格。这是日本最早的敕撰和歌集，由纪贯之编辑，它也是"八代集"之首。此外，著名的诗集还有藤原公任编撰的《和汉朗咏集》。

这一时期还出现了大量假名写就的物语和日记。著名的有以传说为题材的《竹取物语》;以和歌为中心的《伊势物语》;由侍奉中宫彰子的紫式部所著,以宫廷为舞台,描写了贵族奢华生活的《源氏物语》;描写了藤原道长荣华富贵一生的《荣华物语》;以及《宇津保物语》《落洼物语》等作品。用假名写的日记文学也大多出自宫廷妇女之手。在摄关政治时期,天皇外戚的贵族的女儿成了后妃,获得了稳固的地位,很多有学问和才能的妇女作为侍女聚集在她们的周围。从这些宫女中产生了许多杰出的女作家。例如,侍奉中宫定子的清少纳言写了著名的随笔作品《枕草子》,纪贯之写了最早的假名日记《土佐日记》,藤原道纲的母亲写了《蜻蛉日记》,菅原孝标的女儿写了《更级日记》。

贵族居住的建筑形成了带有浓厚日本情趣、被称为"寝殿造"的建筑样式。内部隔扇、屏风大多以日本的风物为题材,用柔软的线条画上"大和绘",代替了过去的"唐绘"。代表画家是巨势金冈。

在工艺方面,莳绘是一种在器皿上用油漆描绘出纹样再涂以金粉或银粉的工艺手法,形成了日本独特的风格。螺钿是将贝壳抛光后嵌入器物中进行装饰的工艺手法。

在书法方面,和式书法开始发展。代表书法家是小野道风、藤原佐理和藤原行成,是被称为"三迹"的名家。

当时的服饰已经具有浓厚的日本色彩。贵族的正装被称为"束带",简装被称为"衣冠"。女性的正装被称为"女房装束",通常称为"十二单",十分华丽和奢侈。成人礼上男性的服装叫"元服",女性的服装叫"裳着"。这些服装的原型都来自中国,不过在样式、花纹、配色方面逐渐显示出日本自身的文化特色。

在贵族生活中占据重要地位的是"阴阳道"。贵族用其来占卜命运和吉凶,躲避厄灾。例如,运用阴阳五行说来占卜吉凶的"物忌",在布置室内家具的时候避开凶险方位的"方讳"。

10 院政期的文化

在摄关政治时代,藤原氏由于把持了天皇外戚的地位而获得了权势。当外戚不是摄关家的后三条天皇登上皇位后,他毫不留情地对摄关政治进行了改革。后三条天皇在位的期间很短(4年),未能彻底地进行改革,但他推行的政策对藤原氏产生了很大打击。随后白河天皇于公元1086年(应德三年)把皇位让给年幼的崛河天皇,自己作为上皇在"院厅"继续执政,史称"院政"。继白河上皇之后,还出现了鸟羽上皇和后白河上皇的院政,形成长达约一个世纪的院政期。摄关政治和院政都是由私人来管理国家政治。摄关政治是以外戚为中心的,院政是上皇利用父权来左右国家政治。两者相比较,院政的私人性质更为浓厚。随着律令制的国家组织日益有名无实,产生了具有浓厚的私人主从关系的武士集团,在院近臣和贵族社会的内部,也增强了私人性质的主从关系,为向封建制度过渡打下了基础。

在这一时期发生了"保元之乱"和"平治之乱"。这两次内乱均起因于贵族内部的矛盾,但它表明了只有依靠拥有兵力的武士集团才能解决内乱,同时武士集团平氏打倒了同为武士集团的源氏,确立了霸权,结果平清盛的家族掌握了朝廷的实权,盛极一时。这个阶段在政治上经历了从院政到平氏政权的变化,同时也是武士阶层获得不断壮大发展的时期。

在摄关政治时代,具有贵族文化特征的国风文化已获得发展。国风文化是把外国的文化真正转变为日本自己的文化,具有重大的意义。以后地方上的豪族和武士的势力逐渐增强,在经济上和文化上已经可以接受和吸取来自中央的文化,于是国风文化和净土教也都普及到地方,并逐渐重视同地方的实际情况和平民生活的结合。因此,院政期文化的主要特征就是面向武士,庶民的文化获得发展,以及文化从中央向地方扩散。

在佛教方面,净土教的思想开始在全国普及。作为净土教重要象征的阿弥陀堂建筑也在全国各地出现。代表性的建筑有陆奥国平泉氏的中尊寺金色堂、丰后国的富贵寺大堂、陆奥国的白水阿弥陀堂、伯耆国的三佛寺投入堂。

这个时期，民间的艺术形式也相反地开始在贵族阶层流行开来。例如，后白河法皇就对"今样"这种流行于民间的歌谣形式特别喜爱，命令编写了今样歌集《梁尘秘抄》，其中收集了许多民间的歌谣。"催马乐"是从古代歌谣发展起来的一种歌谣形式，"朗咏"是吟唱和歌及汉诗名句的娱乐形式，"田乐"是神社祭祀时表演的歌舞剧，"猿乐"是表现滑稽和讽刺题材的歌舞剧。

在文学方面，重要的作品有《今昔物语集》，其中广泛收集了来自印度、中国和日本的各种故事集，用假名和汉文交杂写成。《将门记》是描写源氏平定平将门之乱的"军事物"，即军事小说。《陆奥话记》也是一部展示陆奥国"前九年合战"的军事小说。这些小说的出现表明了地方的动向和武士的行动已经受到人们的关心。历史小说《荣华物语》从正面的立场描绘了藤原道长荣华富贵的一生。同为历史小说的《大镜》则从批判的角度对藤原道长进行了负面评价。这些故事用丰富的语言写出了以摄关家为中心的历史事件。

这个时期出现了很多绘卷。绘卷是将绘画和说明文交织在一起，在长卷画幅上描绘和书写生动故事的绘画形式。不少绘卷长达数十米。《源氏物语绘卷》是最重要的代表作品。作品中用了"引目""钩鼻"等人物绘画技法，体现了十分浓厚的日本元素。《伴大纳言绘卷》描绘了应天门之变。《年中行事绘卷》描绘了宫中一年的典礼和祭祀活动。《信贵山缘起绘卷》中出现了当时街市的场景和平民的生活。《鸟兽戏画》则以拟人的方式讽刺和挪揄了当时的贵族生活。

在佛经上用绘画加以装饰的"装饰经"也出现了。比如，平氏家族在严岛神社供奉的《平家纳经》。《扇面古写经》也是一种"装饰经"，即在扇面上写上经文再用绘画加以装饰，作品中描绘了庶民生活的场景。

11 镰仓文化

镰仓时代代表传统贵族势力的政权依然存续,经济领域中出现了庄园领主的统治,在文化上公家(指朝廷、天皇或朝臣)仍是主要的支柱。但在这一时期,新兴的武士阶级以镰仓幕府的势力为后盾,已成为实质上的统治力量。生活朴素、精神强健的武士风格也反映在艺术上,产生了新的倾向,同时也得到了民众的支持,很快就占据了优势。另外,商人和僧侣在中日两国之间往来频繁,传入了国外新的文化因素,为新文化的创造做出了贡献。从镰仓时代开始,文化呈现出更加丰富多彩的内容。不同的社会阶层都有属于自己阶层的文化。

镰仓时代和平安时代都是受佛教强烈影响的时代。很多学僧在天台宗的延历寺、真言宗的金刚峰寺等寺院中刻苦学习和研究教义;东大寺、兴福寺等在源平争乱中被烧毁了的大寺院,很快被皇室和藤原氏修复,镰仓幕府也给予了援助。修复的时候,在建筑、雕刻等方面产生了许多名作。

但是镰仓时代佛教出现了被称为"新佛教"的潮流。这个时期流行于世间的"新佛教"是"净土宗""净土真宗""时宗""日莲宗""曹洞宗""临济宗"等宗派的合称。新佛教主要面向来自武士阶层和平民阶层的信众,在他们中间爆发式地增长起来。最重要的原因是新佛教通常擅长选择一种十分容易被大众理解的、简洁明了的形式来推广其教旨。

净土宗的开宗祖师是僧人法然源空,著有《选择本愿念佛集》一书,本山是知恩院。净土宗认为不必研究难解的学问和进行长期的修炼,只要信仰阿弥陀佛的教义和"念佛"(南无阿弥陀佛),所有的人都可以在死后平等地转生于极乐净土。这种极度简单的修行形式被称为"专修念佛"。法然的教义为公家、武士、平民等各阶层所广泛接受,并特别受到无法从事长期修炼和对教义倍感困难的武士和平民的欢迎。

净土真宗的开宗祖师是僧人亲鸾,著有《显净土真实教行证文类》(亦称

《教行信证》),本山是本愿寺。和净土宗一样,净土真宗进一步发展了法然的思想,也宣扬简单易行的修行方式,除了吟唱"南无阿弥陀佛"之外,还提出了"恶人正机"说,认为恶人向佛之心更加迫切,所以更能被菩萨超度。在由弟子唯圆整理的著作《叹异抄》中,提道:"善人尚且能够往生,更何况恶人呢?"亲鸾的教义在以从事战斗为使命的武士、生活穷困的农民及为了生活而从事渔业的渔夫和狩猎的猎人之间广泛传播。

法然和亲鸾所提倡的教义跟以前佛教的立场是对立的,它们在一般民众之间广泛地流传,这使得以庄园领主为首的统治者感到一种危险。法然和亲鸾禁止信徒们攻击其他宗派,极力避免发生冲突。但后鸟羽上皇还是在1207年(承元元年)镇压了念佛教团,把法然和亲鸾分别流放到赞岐(现香川县)和越后(现新潟县),但是念佛的团体还是在民间继续发展。

时宗的开宗祖师是僧人一遍,在其圆寂后由弟子编辑了《一遍上人语录》一书,本山是清净光寺。一遍认为,不论有无信仰,只要念佛,所有的人就可以得到解救。因此他的足迹遍布全国,使用一种一边跳舞一边念佛的"踊念佛"形式进行布教,以此来表达被佛拯救的喜悦。另外,他还主动承担清扫、看护病人、埋葬死人等当时一般人所不愿做的工作,积极为社会服务。

日莲宗的开宗祖师是僧人日莲,著有《立正安国论》一书,本山是久远寺。他向当时的执权北条时赖提出了时政的建议,显示了和政治势力较深的关系。日莲提倡信仰法华经,认为将法华经的名称"南无妙法莲华经"作为念唱的内容即可获得拯救,这种形式称为"题目"。日莲还对其他的宗派进行了猛烈的攻击。日莲的观点受到了旧有的宗派及作为新兴的武士宗教而兴起的禅宗的强烈反对,日莲本人也遭到了幕府的流放。幕府之所以压迫日莲,是因为它要保护禅宗和不准干预政治的立场。

这时从中国新传来了禅宗。禅宗不赞成"他力本愿"的教义,认为仅仅相信和依靠佛的慈悲即可得救的认识是错误的,因此提倡通过坐禅而得悟。禅宗这一形式出现了临济宗、曹洞宗等新宗派。

临济宗的开宗祖师是僧人荣西,著有《兴禅护国论》,本山是建仁寺。他曾两次到访中国,把临济禅带到了日本。值得一提的是,荣西还著有《吃茶养生记》,认为喝茶可以延年益寿,因此被视为对茶道文化在日本的发展有所贡献。临济宗提倡由师傅向徒弟提出一个问题,将弟子在思考和回答的过程中获得开悟的这种形式称为"公案"。

曹洞宗的开宗祖师是僧人道元,著有《正法眼藏》一书,本山是永平寺。道元也访问过中国,学习曹洞禅。曹洞宗采取了比临济宗更加简单明了的修行方式,即"只管打坐",认为专注于坐禅即可获得开悟。

禅宗的各个派别主张通过坐禅进行严格的修炼,这种态度和武士的风尚一致,它就作为武士的宗教迅速在各地武士阶层中流传起来。尤其是临济宗获得了幕府的庇护和推崇。比如,南宋僧人兰溪道隆获镰仓幕府第五代"执权"(即摄政)北条时赖支持而开建长寺,无学祖元获镰仓幕府第八代摄政者北条时宗保护而开圆觉寺。

对于这种新佛教的流行,旧佛教方面企图进行严厉的批判和镇压,但在他们的内部也出现了反省和改革的趋势。因此这一时期旧佛教各宗派也有所发展。比如,法相宗的贞庆、华严宗的明惠等人认为应该重视戒律。律宗的睿尊、忍性等人积极救助贫苦的大众,修建了救助疾患的建筑"北山十八间户"。

另外在神道方面,在镰仓时代的末期,伊势神宫的神官度会家行发展了神道的理论,被称为"伊势神道"。他也受到新佛教的影响,批判了以前的"本地垂迹"说,主张以神为主,以佛为从,形成了独特的神道理论。

后鸟羽上天皇命藤原定家等人编撰了《新古今和歌集》。这一时期喜爱诗歌的武士也增加了。例如,武士出身的僧人西行著有《山家集》,源实朝写了《金槐和歌集》,盲僧琵琶法师用"平曲"的方式吟唱了描绘平氏一族兴衰的《平家物语》。此外还有《保元物语》《平治物语》《源平盛衰记》等。橘成季编撰的《古今著闻集》收录了古今的说话集。《沙石集》是无住编写的佛教说话集。鸭长明写的随笔《方丈记》描绘了人世间的无常变幻。吉田兼好写的随笔《徒然草》成为这个时期随笔集的最高成就。《愚管抄》是慈圆撰写的历史小说,作品中试图探讨历史发展的真理,慈圆称之为"道理"。《吾妻镜》以编年体的形式记载了镰仓幕府的历史。此外,还有历史小说《水镜》、虎关师炼写的日本佛教史《元亨释书》等。阿佛尼写的游记《十六夜日记》描写了前往镰仓途中的见闻。

这个时期学问上的发展是出现了研究朝廷礼仪和前朝先例的学问"有职故实",又称"有识故实"。代表性的有顺德天皇编写的《禁秘抄》。金泽流北条氏的北条实时在神奈川县横滨市金泽区修建了图书馆"金泽文库"。以宋代朱熹的思想为研究对象的朱子学传入了日本。

在镰仓时代，东大寺得以重建。东大寺在"源平合战"（亦称治承·寿永之乱）的时候被平重衡烧毁。随后因花费巨大一直没有得到修复。为了募集资金，俊乘房重源来到中国，获得了南宋工匠陈和卿的支持，使东大寺终于获得了重建。这个时期，寺院的建筑样式分为从大陆传来的"大佛样式"和"禅宗样式"。大佛样式以东大寺南大门为代表，风格雄伟沉稳。禅宗样式的特征是严整对称，代表性的建筑是圆觉寺舍利殿。还有日本本土形成的"和风样式"，比如，三十三间堂。此外，还出现了中和中国和日本两种建筑风格而形成的"折中样式"，具有代表性的是观心寺金堂。

佛教雕塑出现了以运庆、快庆、湛庆等人为代表的雕塑匠人一族。他们留下了许多著名的佛教雕塑杰作。例如，运庆、快庆用寄木造技法修建的东大寺南大门金刚力士像。运庆的弟子康弁建造的兴福寺天灯鬼像、龙灯鬼像。代表镰仓时代的著名佛像是被称为"镰仓大佛"的高德院阿弥陀如来像。著名的肖像作品有东大寺重源上人像。著名的雕刻作品有运庆等人完成的兴福寺无著和世亲像，康胜完成的六波罗蜜寺空也上人像，等等。

这一时期绘卷的绘画形式备受欢迎。著名作品有描绘菅原道真生涯和北野神社由来的《北野天神缘起绘卷》。《春日权现验记》描绘了藤原氏的氏神"春日权现"显灵的故事。《一遍上人绘传》描绘了高僧一遍的生涯，《蒙古袭来绘卷》描绘了蒙古族进攻日本的场景。此外还出现了肖像绘画，被称为"似绘"。藤原隆信、藤原信实父子为其代表画师。似绘的重要作品是《源赖朝像》，不过近年学界认为所画并非源赖朝本人。还有"顶相"这种肖像画形式，所画内容为禅宗高僧肖像。镰仓时期"青莲院流"一派书法由尊元法亲王创始，亦称"尊元流"，多为武家正式公文所用，后在江户时代又因往来物等教科书多用此书法而得以在民众中广泛普及。

12 室町文化

　　室町幕府时期的文化细分为三个阶段。第一个阶段是南北朝动乱时期的文化,这时是处于足利尊氏的时代;第二个阶段是第三代将军足利义满时期的北山文化;第三个阶段是第八代将军足利义政时期的东山文化。在镰仓时代被称作"武家"的幕府与在京都被称为"公家"的王公贵族并存,导致在社会和文化层面出现了二元分化的现象。南北朝的动乱使得京都的朝廷已徒具形式,公、武的二元性已基本上消解。因此,在室町时代,武士阶级在以前所吸收的传统文化的基础上加入了从中国吸收的新文化,发展出了元素和内涵十分丰富的新文化,同时还加入了平民的文化喜好,使得这一时期的文化逐渐合流为真正代表日本的文化,并延续至今,影响深远。

南北朝时期的文化

　　南北朝动乱时期朝廷分裂为维护光明天皇大统的北朝和维护后醍醐天皇大统的南朝。

　　在文化上,双方都著书立说力求证明自身的正统地位。北畠亲房是南朝重臣,撰写著名的标榜南朝地位的史书《神皇正统记》,提出"万世一系"说。与此同时也出现了站在武士阶层的立场描述足利氏获得政权过程的《梅松论》,因为足利氏是北朝一方,所以《梅松论》也被视为宣扬北朝正统的书籍。另外,《增镜》是从朝廷即"公家"的立场描写"源平合战"之后的历史,是被后世称为"四镜"的四部历史书的最后一部,其余三部为《大镜》《今镜》《水镜》。

　　这一时期的军记物语的代表作品有《太平记》,描写了南北朝动乱的全过程。

　　此外,在新兴武士阶层还开始流行一种被称为"婆娑罗"的文化风潮,即无视身份高低,奉行实用主义,并嘲弄权威的风潮。

连歌这种和歌形式开始流行起来。能乐也受到民众推崇。大家还热衷于召开将品茶作为娱乐的"茶寄合",并且进行"斗茶",即品茶比赛。

北 山 文 化

北山文化是室町幕府第三代将军足利义满时期的文化,因这个时代的重要建筑鹿苑寺金阁建于京都北山而得名。

禅宗系的临济宗由荣西创立,在这个时期得到了幕府将军们的喜爱和庇护。足利尊氏尊临济宗禅僧梦窗疏石为师。随后在足利义满时期效仿中国建立了"五山十刹"制度,由幕府对全国的寺院进行管理。

五山十刹制度中地位最高的是南禅寺,之下有"京都五山"和"镰仓五山"。分别是天龙寺、相国寺、建仁寺、东福寺、万寿寺、建长寺、圆觉寺、寿福寺、净智寺、净妙寺。又在京都和镰仓的五山之下各设十座寺院"十刹",再对地位更低的寺院进行管理。

在五山十刹制度下,地位较高的五山僧们在文化上十分活跃。这个时期吉山明兆、如拙、周文等人将中国的水墨画传到了日本,得到日本的禅僧们的学习和继承。如拙的代表作《瓢鲇图》充分反映了临济宗的思想。从此,中国传统绘画开始通过禅宗在日本传播,并最终出现了重要的水墨画家雪舟。

由五山僧人们进行的文学创作称为"五山文学"。代表禅僧是绝海中津和义堂周信,二人被合称为"五山文学双璧"。在僧人们的努力下,禅宗经典和汉诗文集被大量出版,称为"五山版"。

这个时期另一个重要的文化现象是"能"这种曲艺形式的发展。能和狂言都是产生于平民的艺术,在这一时代艺术上达到了完美的境界。能从早期的民间戏曲形式猿乐、农村田间祈祷丰收的舞蹈田乐发展而来,形成了独立的戏曲艺术。在镰仓时代至南北朝时代这一时期,能演化为一种民间的艺术,分为"谣"(唱)、"舞"和"嚛"(伴奏)三个部分,由专门的能乐师来演出。在寺院神社的保护下,组成了"座"(剧团)。其中著名团体统称为"大和猿乐四座",包括"观世座""金春座""宝生座""金刚座",均是依靠奈良的兴福寺的保护。其中观世座的观阿弥、世阿弥父子对能的发展贡献巨大,他们受到将军义满的保护。以后能就脱离了寺院神社的保护,在武家的援助下获得了发展。观世二人使得以幽、玄、美为根本的猿乐能臻于完善,成为成熟的艺术。观阿弥、世阿弥等人在这一时期写了许多谣曲,这些谣曲作为文学作品也具有代表性,尤其是世阿弥的能乐书《风姿花传》较为著名。它叙述了能的艺术真意,作为日本独特的艺术理论,在思想史上也是一部重要的著作。

东 山 文 化

东山文化是镰仓幕府第八代将军足利义政时期的文化,因在京都的东山建慈照寺银阁而得名。

足利义政时期修建了很多的著名建筑和庭院。建造的风格是"书院造"。这是一种以平安时代贵族建筑样式"寝殿造"为基础,加上凹间、神龛、透光拉门、可拆卸的隔墙等结构而形成的建筑风格。由此产生了日本传统建筑"和室"的原型。代表建筑是慈照寺东求堂的同仁斋。庭院的风格是"枯山水",这是一种用岩石和沙砾构成的象征自然山水风光的庭院样式。代表建筑有龙安寺的石庭、大德寺大仙院庭院等。

在这个时期,出现了一位水墨画大家雪舟,他使得水墨画终于融入了日本本土的特色。他的代表作《四季山水图卷》是一幅长达15米的巨幅画卷。另一方面,从平安时期发展而来的日本传统绘画"大和绘"出现了新流派"土佐派",发展至土佐光信时得以发扬光大。还有在后世影响巨大的"狩野派",经狩野正信、狩野元信将大和绘技法融入水墨画创作而成。

在手工艺方面有金属工艺的代表后藤祐乘,同时莳绘技法也获得了发展。

这个时期文化上的重要特征是确立了现在日本传统文化的雏形。例如,茶道就是在这个时期形成的。村田珠光将禅宗思想与品茶相结合,经由武野绍鸥发扬,最终由千利休完成。花道也是在这个阶段形成的。池坊专庆及其后人尤其著名。

以记载和研究朝廷及贵族社会仪式的学问"有职故实"进一步发展,由一条兼良撰写的《公事根源》记载了朝廷的各种祭祀活动。一条兼良还曾向第九代将军足利义尚呈上了一部著名的意见书《樵谈治要》。以神道为中心，融合了儒学、佛教思想的神道教"唯一神道"发展了起来，其代表人物是吉田兼俱。

新佛教的发展

天台宗、真言宗等旧佛教随着其保护者天皇一族和贵族阶层的没落，以及作为经济基础的庄园体系的崩坏而衰落，由镰仓时代产生的新佛教取而代之。到了室町时代，以武士、农民和工商业者为主体，新佛教进一步在城市和农村的广大民众中间广泛传播开来。

如前所述，禅宗中的临济宗为足利将军所信仰，将军义满仿效宋朝的官寺制度，实施了五山十刹制度。与之相对的是在五山十刹制度之外的禅宗各流派被称为"林下"，因为没有受到幕府的护佑反而更加积极地谋求在民间的传教活动。例如，禅宗的另一派曹洞宗就是"林下"的代表，尤其为地方武士所信仰，发展到全国各地。此外，临济宗大德寺的高僧一休宗纯因不拘泥于教义、自由阔达的行为而被视为"疯狂"之人。

净土真宗（一向宗）在镰仓时代以后分裂为几派。其中本愿寺派在"应仁之乱"后出现了高僧莲如，得到迅速的发展，扩展到农村自治组织发达的北陆、东海和近畿地方的农村。莲如之所以能够取得巨大的成功，是因为其信徒以僧侣为中心，在各地建立被称作"讲"的支部组织，把农民组织在一起；同时又编写十分浅显易懂的传教文字，这种传教文字被称为"御文"。"御文"的意思是"来自亲鸾的书信"，以这种亲民的形式传播本愿寺派思想。本愿寺派的势力由此迅速扩大，甚至以这些"讲"为依托组织了对大名的"一向一揆"（即以武力威胁为基础达成利益诉求的行为）。著名的事件是发生在加贺的"一向一揆"（1488）。

日莲宗也是以关东为中心发展起来的，到15世纪初出现了僧人日亲之后，扩大到京都和西国。在日莲的时代就以批评政治而著称的日莲宗在日亲时期也由于对其他宗派发起排他性的论战而经常遭到政府的迫害。日莲本人也惨遭幕府折磨。日莲宗后来为京都的城市居民所信仰，为了对抗一向宗的"一向一揆",组织发动了"法华一揆",并由此掌握了京都市政的自治权。但后又与天台宗延历寺势力发生冲突,一度被逐出京都,史称"天文法华之乱"(1536)。

室町时期的平民文化

在这一时代,不仅仅是武士阶层,就连市民和农民这些平民阶层的文化也获得了极大发展。在农村形成了称为"惣"的自治组织,城市里的手工业发展也促进了平民文化的繁荣。

狂言是在能演出时插在上下两幕之间演出的以滑稽为主的喜剧,其内容以讽刺当时的统治者或佛教徒、僧侣为主,大多数作品以平民的生活为题材,直接运用当时的口语和民谣,为广大的平民所喜爱。

小歌是一种形式自由的七五调的歌谣形式,有小歌集《闲吟集》存世。

此时出现了短篇小说集《御伽草子》,以崭新的题材、短小的内容、有趣的配图而受到各阶层人士的喜爱。这种作品的主人公是僧侣、武士、平民、拟人化的动植物等,其内容是民间传说,或写平民的梦想等,像《一寸法师》《物臭太郎》《酒颠童子》《浦岛太郎》等故事,至今仍作为童话广泛流行。

"连歌"初始是两人合吟一首和歌的上、下句,到镰仓时代发展为由许多人合吟连贯为五十句、百句成为长歌的一种娱乐形式,到南北朝时在公家与武士之间很流行,并且出现了如二条良基这样杰出的作家,他整理了吟诵规则并成书《应安新式》,还写了连歌集《菟玖波集》,提高了连歌的地位,在"应仁之乱"(1467—1478)前后出现了优秀的诗人宗祇,他写了连歌集《水无濑三吟百韵》和《汤山三吟百韵》,并编辑连歌集《新撰菟玖波集》。但连歌受到规则的束缚,逐渐丧失了清新的气息。在室町时代末期盛行起新的俳谐连歌,作为连歌的一部分,把最初的一句独立出来,产生了俳谐。代表诗人是山崎宗鉴,他用诙谐、讽刺的笔调写了俳谐集《犬筑波集》,最终促使连歌在平民之间普及开来。

这时出现了新的舞蹈表演形式"盂兰盆踊"。这是将注重自由舞蹈风格的"风流踊"与镰仓佛教中的"念佛踊"相结合而形成的。

在"应仁之乱"以后,京都尽毁,文化人和贵族不得不四散流落,因此文化也随之在各个地方发展起来。主要的地方有大内氏的山口城下町,这里聚集了大量文化人,成为文化的中心。还有萨摩国的肥后,这里因儒学者桂庵玄树的活跃而著名。同时他也是儒学"萨南学派"的开创者。作为文化在地方上发展的重要表现,足利学校尤其著名。这是由关东管领上杉宪实重新建立的,有"坂东大学"之称。武士子弟的教育主要使用《庭训往来》《御成败式目》等书籍,同时随着经济的发展,平民受教育的程度也逐渐提高,一种被称为《节用集》的辞书开始出版发行。

13 桃山文化

织田信长与丰臣秀吉的时代,根据他们的城郭"安土城""桃山城"(又称"伏见城")所在的地名,称作"安土桃山时代",而这一时代的文化称为"桃山文化"。

这一时代的文化有着与室町时代文化或江户时代文化不同的特征。这一时代由于近百年的战乱平定了下来,天下实现了统一,在全国范围内消除了在经济、文化上交流的障碍,而且同外国的贸易也十分活跃,因而产生了反映这一时代风尚的文化。这种文化以当时迅速发展的经济为背景,反映了成为新的统治者的大名和通过贸易等获得大量财富的豪商们的品位和兴趣。因此在文化表现上首先是以奢华、壮丽为特色的。其次,佛教的影响力渐趋衰弱,出现了许多不带佛教色彩的艺术创作及油画、雕刻等欧式的美术。日语中有相当多的来自葡萄牙语的外来语,就是这一时代文化交流的体现。

这一时代的代表性建筑是城郭。在战国时代末期以前,主要是在险要的山地上建造以获得防卫上的有利地位,这些建筑称为"山城"。到末期以后,逐渐在交通便利的平地上修建,这些建筑称为"平城"。随后城郭渐渐成为一国大名身份的象征,在城的中心建造称为"天守阁"的要塞,四周有壕沟和围墙。特别是传入了火枪以后,建造的城堡愈来愈坚固,并吸收了许多欧洲的筑城技术和风格,体现出融合了东西方审美的雄壮感。

这样的城堡以织田信长的安土城为样板,由丰臣秀吉的伏见城和大阪城而臻于完善。其他著名的城郭还有姬路城、松本城、彦根城、犬山城等。虽然伏见城未能保存下来,但在京都西本愿寺的书院和唐门体现了该城的建筑风貌。丰臣秀吉为恭迎后阳成天皇而修建的城郭风格的住宅"聚乐第"虽也不复存在,但据说大德寺的唐门、西本愿寺的飞云阁等也保留了该建筑的一部分遗筑。在大名的府邸的内部,通常以书院式结构为根本,装饰着大量金箔、浓墨重彩的障壁画和雕刻,极尽豪华。

这一时期的代表性绘画主要是装饰城郭内部的隔扇、屏风等。自狩野永德为信长、秀吉重用之后,狩野派绘画盛行一时。狩野一派是融合了大和绘和水墨画技法的装饰画,在这一时期达到顶峰。重要的作品有《唐狮子图屏风》《洛中洛外图屏风》《桧图屏风》等。永德的弟子狩野山乐在狩野派绘画中也颇具特色,创作了《松鹰图》《牡丹图》等作品。

除狩野派外,海北友松所作的《山水图屏风》和长谷川等伯所作的《松林图屏风》《智积院袄绘》也是这一时期的重要作品。尤其是长谷川的《松林图屏风》体现出类似西方印象派绘画的风格,令人瞩目。包括狩野派在内,这个时期大多流行在金质底本上描绘豪华的、装饰性强的绘画。

在雕刻方面,一种被称为"栏间"的雕刻流行起来。这是用华丽的镂空技术来装饰住宅门窗的雕刻艺术品。佛像等宗教性的雕刻则逐渐减少。目前在都久夫须麻神社本殿里还能看到使用镂空技法雕刻的栏间。这个时期还出现了用于家具和生活用品的风格豪华的莳绘艺术。

同时,从朝鲜传来了活字印刷术,活字印刷术成为以后出版业兴盛的基础。

在丰臣秀吉出兵朝鲜时,从朝鲜带回了陶工,因而开始烧制有田陶器(佐贺县)、萨摩陶器(鹿儿岛县)、萩陶器(山口县)等,随后又通过同外国贸易从朝鲜、中国及东南亚带来了许多陶器,因此为以后日本陶器的发展奠定了基础。同时也促使茶道盛行起来。这一时期在京都、大阪、堺、博多等城市出现了十分富有的城市商人。在他们中间也出现了流行的文化形式,最重要的就是茶道。

千利休原是堺的一名商人,他将煮茶活动形式化,给煮茶活动增加了仪式感。因为深受禅宗影响,他将"简素""闲寂"的精神带入茶道,并正式确立为"侘茶"。丰臣秀吉也深爱茶道,曾在京都北野举行"北野大茶会",并让民众也参与其中。大名中也出现了喜爱此道的人物。例如,织田信长的弟弟织田长益就是一位知名的茶人,他曾拜千利休为师,他的茶室"如庵"保存至今,是日本的国宝。还有小堀远州、古田织部等也较为著名。知名的茶室有千利休受秀吉之命修建于妙喜庵的"待庵"等。

在戏剧方面,17世纪初一个名叫"出云阿国"的女子在京都开创"歌舞伎踊"(唱着流行歌曲跳舞),于是在女性中间"女歌舞伎"盛行起来,成为以后的歌舞伎的基础。当时"歌舞伎"这个词的意思是指奇异的服装和动作。初期的女歌舞伎是把女扮男装这种奇异的风尚和年轻女人的美作为重点,后来江户幕府以有伤风化之名禁止了女歌舞伎,于是出现了由美少年扮演的"若众歌舞伎"。但这也遭到禁止,所以在17世纪中叶以后,歌舞伎则专门由成年男子来扮演,称为"野郎歌舞伎"。以后的歌舞伎以"艺"为中心,作为一种戏剧获得了很大的发展。

由"三味线"(一种将从琉球传来的"蛇皮线"乐器改良而成的乐器)伴奏的"净琉璃调"对歌舞伎的发展起了很大的作用。另外,配合净琉璃演出的木偶剧"人形净琉璃"也盛行起来。

堺的商人高三隆达将小歌附上节拍进行咏唱,成为新的娱乐形式"隆达调",并受到了民众的欢迎。

这个时期女性一般都穿比较简易的窄袖便服。这种窄袖便服被称为"小袖",男子穿的正装被称为"袴"。女性以前是垂发,后逐渐改为结发。男性也不再戴冠或高礼帽,而逐渐改为挽髻。

1543年(天文十二年),一艘由澳门开往宁波的葡萄牙船漂流到九州南边的种子岛,成为日本接触欧洲文化的起点。当时种子岛的领主种子岛时尧引进了火枪,并让家臣学习它的使用方法和制造方法。葡萄牙人由此了解到对日贸易的好处,几乎每年都向日本派出贸易船。西班牙人也于1584年(天正十二年)来到平户,参加了对日贸易。葡萄牙人和西班牙人因以日本南面的澳门、菲律宾等为根据地,所以被称为"南蛮人"。(后来来到日本的荷兰人、英国人被称为"红毛人"。)

由传教士带来的南蛮文化中,既包括医学、地理等实用科学,也有油画、铜版画等绘画技法。受到欧洲绘画影响而出现的"南蛮屏风"以描写欧洲人士的生活为主,充满了异国情调。

意大利传教士范礼安(Alessandro Valignano)带来了金属材质的活字印刷机。出版了《伊曾保物语》(《伊索寓言》)、《日葡辞书》等书籍。这些由传教士翻译出版的有关宗教和日本古典的书籍被称为"天主教版"和"天草版"(天草是九州的地名)。值得一提的是,范礼安也是继圣方济各·沙勿略(St. Francis Xavier)之后另一位对天主教在中国传播有重要影响的人物。

14 宽永文化

宽永文化是德川幕府第三代将军德川家光时期，也就是江户时代初期的文化。宽永是家光时期的年号。进入江户时代以后，随着传统的贵族文化的要素进一步消退，逐渐产生了一种与幕藩体制相适应的文化。这是建立在桃山文化基础之上，并在锁国以后逐渐与海外断绝直接交流而发展出来的一种独特的文化，反映出江户初期全国形势稳定、人心归于平和的局面。

在建筑方面，在从寝殿造到书院造的发展过程中，这一时期突然出现的祭祀死者魂灵的灵庙建筑十分具有代表性。建于日光的"东照宫"就十分著名，这是为祭祀德川家康而建的。因为德川家康被朝廷赐封"东照大权现"，所以东照宫采用的建筑风格称为"权现造"，亦称为"石间造"。这是一种受桃山文化影响的建筑风格，是将神社本殿和拜殿合二为一，并增加了叫作"石间"的低矮建筑而建成，其中配有了大量内容丰富、风格豪华的雕刻装饰物。此后神社建筑中开始流行仿照东照宫风格的建筑。著名的建筑除了各地的东照宫以外，还有北野天满宫、大崎八幡宫等。

此外，茶道的流行形成了一种把书院式建筑和"草庵风"（简朴、毫无修饰并以此为美）的茶室折中而成的"数寄屋造"样式。京都的桂离宫就是其代表，这是后阳成天皇之弟、八条宫智仁亲王的别墅。另外还有后水尾天皇的别墅修学院离宫。其特征是样式简朴、清新，对以后的住宅形式产生了很大的影响。

狩野派在这个时期的著名画师是狩野探幽，代表画作是《大德寺方丈袄绘》。他当上了幕府的御用画师，并使其子孙世代继承这个职务。从此狩野派安于其地位，致使狩野派绘画渐渐失去了生气而流于形式。另一方面，京都町人出身的俵屋宗达，代表作品是《风神雷神图屏风》，在继承了桃山时代豪华风格的同时，开创出富有装饰性的独特的画风，对以后元禄时代的"琳派"带来了很大的影响,被视为该派的先驱。久隅守景也是平民阶层的画师代表,他先入狩野派门下,后脱离狩野派,画有代表作《夕颜棚纳凉图屏风》。

在京都,本阿弥光悦在幕府的保护下,带领全族和工匠迁居鹰之峰,在这里营造出颇具规模的艺术村。他在绘画、书法、金漆、著述等方面创作了优秀的作品,在陶瓷器方面也制造了称作"乐烧"的高雅的茶具。其重要作品是装饰盒"舟桥莳绘贝箱"。此外还出版装帧华丽的书籍,称为"嵯峨本"。这是一种在16世纪末期通过朝鲜半岛传来的用活字印刷术制作的基督教会读物的刺激下出现的印刷物。因为五山版文学的存在,所以在市民阶层中存在着大量读者。与儒学者藤原惺窝交好的角仓素庵获得了本阿弥光悦、表屋宗达等的支持,采用活字印刷术出版了新的读物,十分讲究装帧的艺术感。

有田陶器是在佐贺藩的保护下发展起来的。在17世纪,酒井田柿右卫门在有田烧的基础上完成了"赤绘"技术。这是一种在釉面上添绘红色花样的"上绘付"技术,为陶瓷业的发展打下了基础。

文学方面流行连歌、俳谐、假名草子等。假名草子是从室町时代的御伽草子发展而来的,以教训和道德说教为内容。在俳谐方面有松永贞德一门的"贞门俳谐",使俳谐终于从连歌中独立出来。

15 元禄文化

第五代将军德川纲吉执政的元禄时代,是以德川时代初期的生产力的迅速发展为背景,市民阶层迅速形成的时期。以元禄时代为中心的江户前期的文化就称为元禄文化。

这个时期,幕府政治进入了相对安定的时期,锁国政策也已经历了半个世纪。在这种背景下,文化渐渐显露出带有日本独特倾向的成熟的风貌。对学问的重视、造纸和印刷技术的发展使得文化被广泛大众所接受。虽然很多仍然是幕府和各藩的统治阶级培育起来的,但一般市民也投身于文化创作之中。因此,元禄文化反映了普通市民的生活情调,带有浓厚的尽情享受现实生活的世俗因素。

在元禄时代,江户是政治的中心,而文化的中心仍在京都、大阪,被称为"上方"。所以这一时期的文化人主要代表"上方"的市民阶层。这一阶层以富裕的经济实力为基础,将现实世界视为"浮世"加以肯定。这和之前将现世视为"忧世"形成了鲜明的对比。这一时代代表性的作家松尾芭蕉、井原西鹤、近松门左卫门都是出生于上方,除了一段时期曾居住于江户的芭蕉外,其他人都活跃在以上方为中心的地区。

井原西鹤出身于富裕的商人家庭,写了许多以市民生活与风俗为题材的小说。这样的小说称作"浮世草子",它反映了当时正在兴起的商业资本的趣味。浮世草子是从室町时期的御伽草子经江户初期的假名草子发展而来的。西鹤冷静地观察现实世界里的人和事,描写了人间的情欲和金钱欲,是浮世草子的先驱。他的作品中,有"好色物",如《好色一代男》《好色五人女》;有"町人物"类,如《日本永代藏》《世间胸算用》;还有"武家物"类,如《武道传来记》《武家义理物语》。井原西鹤的许多作品刻画了在封建道德和社会矛盾下受压迫的男女形象,成为德川时代小说的典范,直到后世仍被人们广泛阅读。

在江户时代的初期,从流行于战国时代以前的连歌逐渐产生了俳句。俳句逐渐成为独立的文学形式,主要在市民之间盛行。江户初期出现的"贞门俳谐"是一种诙谐有趣的词语游戏,但艺术价值不高。在元禄时期出现了极具艺术水准的"谈林俳谐"和"蕉风俳谐"。西山宗因是"谈林俳谐"的代表,追求离奇的意趣和反常识的意外性,曾一度流行于京都、大阪、江户三地。松尾芭蕉确立了"蕉风俳谐"的风格,以"幽玄闲寂"为主旨,提高了俳句的艺术性,被后世尊为"俳圣"。芭蕉的俳句在其精神与内容上有着与中国的陶渊明和王维的诗共同的因素。芭蕉还逃避城市的浮华生活,企图通过地方旅行来培养闲寂的精神。芭蕉留下了著名的游记《奥之细道》《笈之小文》,后由门人编辑了俳谐集《猿蓑》。

近松门左卫门写了许多剧本,揭露了当时的社会问题,以及刻画了在封建道德的禁锢和社会关系的挤压下无法获得真正幸福,最后被迫殉情的世间形象。代表作品有"世话物"(《曾根崎心中》《心中天网岛》《冥土的飞脚》)和"时代物"(《国姓爷合战》)。近松的作品在整个德川时代多次上演,博得了观众的同情和共鸣。主要在元禄时代活跃的芭蕉、西鹤、近松三人的文学,成为整个德川时代的文学典范。

在戏剧方面,这个时期流行人形净琉璃,这是一种配着音乐咏唱文学故事的形式。重要的净琉璃艺人武本义太夫演出了近松门左卫门所写的许多戏剧,他的演出具有的独特节奏被称为"义太夫调"。这个时期还是"野郎歌舞伎"的创立期,上方和江户出现了常设的剧院。重要的演员有初代市川团十郎,他以演出"荒事"而受到好评。"荒事"以威武雄壮的表演技巧为特征。上方以女性为对象的男性演员受到欢迎,例如,坂田藤十郎以演出"和事"而著名,这是一种恋爱剧。还有以扮演女性角色而著名的芳泽菖蒲等演员。

这一时期,在战国时代至江户时代初期盛极一时的狩野派绘画开始衰落。继承大和绘传统的土佐派出现了土佐光起,他当上了朝廷的画师,一度使得土佐派出现了短暂的发展,但后继无人。从土佐派分离出来的住吉如庆、具庆父子开创了住吉派。同为大和绘系中产生的尾形光琳,吸收了表屋宗达的画法,发展了其富有装饰性的一面,并且和表屋宗达一样以画"风神、雷神"图著称。他的代表作《燕子花图屏风》《红白梅图屏风》都极具个性,这些绘画受到了社会上层人士的喜爱,被后人称为"琳派"。此外,以美人、演员等为题材的"浮世绘"在平民中间受到了欢迎。以版画的方式制作的浮世绘可以大量生产,成为平民容易获得的艺术作品。它最初仅用墨笔绘出画的轮廓,从元禄时代开始用笔涂上简单的色彩,后来由于版画技术的发达,变成了套色印刷的彩色版画"锦绘"。活跃于元禄时代的菱川师宣被视为版画浮世绘的鼻祖,其代表作是肉笔画①的浮世绘《美人回眸图》。

在陶瓷器和印染织物方面,随着技术的发达,逐渐强调装饰性的美感。被誉为"京烧"之祖的京都的野野村仁清创造了在瓷器上涂上绚丽色彩的技术。画家尾形光琳的弟弟陶艺家尾形乾山又进一步发展了这种技术。作为装饰艺术家,尾形光琳在漆器工艺的金漆方面也展示出了杰出的才能。他的作品装饰箱"八桥莳绘砚箱"十分著名。

在印染织物方面,京都的宫崎友禅斋利用丰富的色彩,在绢绸上印染出人物、花鸟、草木、山水等花样,创造了"友禅染"技术。在雕刻工艺方面,圆空在各地留下了许多佛像作品,这些佛像作品被称为"圆空佛"。另外,我们今日所见东大寺金堂、善光寺本堂均是在元禄时期重新修建的。

---

① 江户时代浮世绘的一个种类。由画师直接在纸或绢上绘画。区别于版画的类型"锦绘"。

16 宝历·天明文化

"宝历"(1751—1764)、"天明"(1781—1789)是德川幕府第九代将军德川家重和德川幕府第十代将军德川家治所在时期的年号。这段时期从德川家重于延享二年(1745)继将军位到家治于天明六年(1786)病逝,经延享、宽延、宝历、明和、安永、天明等时期,幕府政治以将军的近臣田沼意次为中心。宝历·天明文化是18世纪后半期的文化,过去通常被视为"化政文化"的一部分,现在倾向于将这段时期视为一个相对独立的文化阶段。这种变化主要是因为元禄文化的消费阶层是位于"上方"(即京都、大阪)的富裕商人和市民阶层,而化政文化的消费阶层则变成位于江户的一般平民。在这个变化过程中,宝历·天明文化的中心地带是江户,但文化消费的主要对象依然是武士和富有的商人,因此是处在元禄文化向化政文化过渡的中间状态。正因为如此,这个时期的文化表现与前后两个时期有所不同,但尚无明确的分界,时常出现不同的学者将文化事件视为不同时期的现象。

这一时期出现了许多对封建思想批判的人物,代表人物是安藤昌益。安藤昌益是八户的一位医生,曾写了许多著作,但因这些著作具有对封建统治者极其危险的内容,因而未能公开地发布。他著有《自然真营道》一书,在书中他批判了当时的"士农工商"身份制度,认为所有人应该通过自己耕作来生活,所谓"万人直耕",这才是理想的自然社会,是无阶级的社会。他的思想是站在封建社会的基本生产者、被统治的劳动农民的立场上展开的。他认为统治者是高高在上掠夺劳动农民的生产成果的,如果劳动农民进行反抗,统治者则会用武力加以镇压。他的理想是消灭社会上人统治人、人剥削人的现象,所有人都应成为劳动者。昌益的思想表现出对封建统治体制及封建思想的尖锐批判。站在劳动农民的立场上,彻底揭露了封建社会的本质,这一点有着极其重要的意义。

享保九年(1724)大阪的豪商出资设立了名为"怀德堂"的学问所。富永仲基站在怀德堂合理主义和无神论的立场对儒教、佛教、神道进行了批判，尤其是在著作《出定后语》中提出了"大乘非佛说"。他认为《法华经》《般若经》均非释迦之言说，而是后世的产物。这一说法后被本居宣长、内藤湖南、村上专精等人所肯定。

在文学领域，文学作品为民众所享有。文学作品不再被一部分人所垄断，而是成为市民阶层的消费对象。因为出版业的发展及图书出租屋的普及使阅读书籍变得可以企及。出版业的发展有茑屋重三郎等人的努力。文学在风格上出现了通俗化和庸俗化的倾向，逐渐盛行把政治和社会事件当作文学的题材。

在小说方面，取材于平民生活的作品日益增多，在描写上带有浓厚的滑稽化的倾向，产生了以江户的游乐场所为舞台的称作"洒落本"的小说。"洒落本"由浮世草子发展而来，是短篇风俗小说，以滑稽和取乐为特征。代表作家是山东京传，著有《仕悬文库》，该书在宽政改革时期被禁。此外还有"黄表纸"，由草双纸发展而来，主要是讽刺的、滑稽的、带有插图的小说。代表作家是恋川春町，著有《金金先生荣花梦》，该书同样在宽政改革时期被禁。

在俳句方面，18世纪中期出现了与谢芜村，兴起重视写生的客观作风，在表现手法上也带有新鲜感，其作品是诗集《芜村七部集》。大田南亩是著名的狂歌师，擅长狂歌、洒落本、汉诗文、狂诗，并留下大量随笔。大田南亩尤其以讽刺世间万象的滑稽狂歌而闻名。狂歌由贞门俳谐派生而来，基本格式是"五、七、五、七、七"句式。柄井川柳以俳句的方式讽刺世风，形成了"川柳"风格，代表作品有《俳风柳多留》。川柳的格式为"五、七、五"，亦由俳谐发展而来，带有极强的游戏性。

在戏曲剧本方面，净琉璃有竹田出云写的《假名手本忠臣藏》《菅原传授手习鉴》等。门下弟子近松半二著有《本朝廿四孝》。然而此时，歌舞伎逐渐受到大众的欢迎，成为文艺的主要形式。在江户，有"中村座""市村座""森田座"，合称"江户三座"，十分繁荣。净琉璃渐渐发展成歌曲净琉璃，代表流派有"一中调""常盘津调""清元调"。

在绘画方面，这一时代绘画的特色是富有民众性，其代表就是浮世绘。由元禄时代菱川师宣开创的浮世绘在18世纪中期出现了重要画家铃木春信。他发明了套色浮世绘版画"锦绘"，代表作有《弹琴美人》。喜多川歌麿以画美人而著名,代表作是《妇女人相十品》。东洲斋写乐则以描画演员和相扑形象而著名,尤其是将上半身进行夸张的放大,这种技法被称为"大首绘"。代表作有《市川虾藏》《奴江户兵卫》。在写生画方面,圆山应举开创了"圆山派",其特征是重视写生,引入了透视的西洋绘画技法,著名作品有《保津川图屏风》。受中国画风的影响而出现了文人画,这是官僚、作家等身份的人喜爱的绘画,代表作品有池大雅与谢芜村合作的《十便十宜图》。同时还出现了江户画师谷文晁。在江户时代初期存在的西洋画,随着基督教的禁止已几乎绝迹。但到德川时代中期以后,由于从荷兰传入的近代新学的兴起而逐渐恢复,也出现了西洋画法。平贺源内积极学习西洋画法。司马江汉创立了铜版画法,代表作有《不忍池图》。此外还有亚欧堂田善,代表作品是《浅间山图屏风》等。

17 化政文化

封建体制的矛盾在德川时代中期明显地暴露了出来,交替出现了以幕府的三大改革(第八代将军吉宗时期的享保改革、第十一代将军家齐时期的宽政改革和天保改革)为代表的试图恢复幕府的权威和改变社会松弛无序的时期,以及像田沼时代或文政时代那样采取同商业资本妥协的相对宽松的时期。因此继田沼时代的元禄文化之后,在18世纪末至19世纪的第十一代将军家齐执政的时期,虽然政纲松弛,社会矛盾进一步加深,但同时因较宽松的环境日本迎来了江户时期的另一个文化高峰——化政文化。在江户时代的前期,日本的文化中心在以京都、大阪为中心的地区,但后期随着江户的急剧变化,文化的中心也转移到了江户。19世纪初的日本文化,采取当时的年号,称作"化政文化"("文化""文政"时代的文化)。

同时,这一时代也是封建社会在各方面陷入困境、社会矛盾日益加剧的时代。这样的社会潮流也反映到文化方面。文化失去了上进的精神,带有浓厚的颓废倾向。人们试图用讽刺和讥笑来发泄对封建专制的不满,文艺作品中流露出追求情欲和欢乐的颓废化倾向。另一方面,由于城市的繁荣,商人和文化人在全国流动,出版和教育得到普及,以及因参拜神社寺院等而带来旅行的盛行等原因,文化也普及到城市的平民阶层和农村。因此,一方面是封建文化的颓废和庸俗化,另一方面在学术思想等领域出现了批判封建社会的现状及寻求解决矛盾的动向。

幕藩体制在江户时代后期的动摇,首先在思想上反映了出来,例如,出现了"经世论"。这是宣扬对封建社会和幕藩体制进行改良和维系的思想。经济学者、丹后(京都北部)出生的儒学者海保仪平,提出重视商业发展和专卖制度以重建藩国财政的"重商富国论",著有《稽古谈》一书。这种思想被鹿儿岛藩、萨摩藩、长州藩、佐贺藩所采纳。越后(新潟县)出生的本多利明主张振兴贸易,应积极与西方进行贸易并开发虾夷地(今北海道)以给国家创收,代表作《西域物语》强调了与西方进行贸易的必要性,《经世秘策》主张开国贸易论。出羽(秋田县)的佐藤信渊主张产业国营化和重商主义的贸易政策,著有《经济要录》和《农政本论》。

在文学领域,文学已不再被一部分人所垄断,而为民众所共有。

黄表纸发展为"合卷",出现长篇化倾向,通常将草双子数册合并装订而成,类似于漫画合集形态。代表作有柳亭种彦写的《修紫田舍源氏》,后在天保改革中因批判神灵而被禁。洒落本发展为以描写男女情爱为主的"人情本",逐渐受到女性读者的支持,著名的有为永春水的作品《春色梅儿誉美》,同样在天保改革中被幕府禁止。因此又出现了反映民众日常生活的"滑稽本",以对话的形式描写平民生活。十返舍一九的《东海道中膝栗毛》和式亭三马的《浮世风吕》《浮世床》等都较著名。

此外,还有从早期假名草子发展来的文学性较强的小说类型"读本"。

读本大部分以扬善惩恶为主体,语言风格是文章体。这种小说在历史或传说中寻求题材。前期读本以中国短篇故事改编的怪奇小说为主,代表作品有上田秋成的《雨月物语》。后期读本多以劝善惩恶为主题,以写读本著名的曲亭马琴在中国的《水浒传》的影响下著有《南总里见八犬传》《椿说弓张月》。

在俳谐方面,化政时期活跃的俳谐诗人是小林一茶。他写了许多扎根于农村、带有强烈个性的俳句,以表现信州(长野县信浓町)的风土人情为主,代表作有《我是春》。香川景树用平实明快的诗风写就了属于"桂园派"的和歌,越后(新潟县出云崎町)僧人良宽写了带有童趣歌咏生活的和歌。在化政时代,除了川柳以外,还流行以蜀山人(大田南亩)、宿屋饭盛(石川雅望)为代表的称作"狂歌"的幽默和歌。其中有的作品批判当时的政治或讽刺统治者,但多次被禁。禁止当时的社会舆论往往采取川柳或狂歌的形式来表达。

此外,著名的文学作品还有越后商人铃木牧之的随笔集《北越雪谱》,该随笔集描写了越后名产"小千谷缩"(一种麻织物)的生产状况。菅江真澄游历东北地方后写了游记性日记《菅江真澄游览记》。

这一时代的浮世绘流行风景画,富有民众性。此前的浮世绘流行的是人物画。这个时期浮世绘进入了全盛时代。著名的浮世绘师葛饰北斋代表作《富岳三十六景》和歌川广重的作品《东海道五十三次》受到了西方莫奈、凡·高等印象派画家的巨大影响。

在绘画方面,还有从"圆山派"出来的松村吴春开创了"四条派"画风。圆山应举虽未达到彻底的现实主义,但由他的画派发展而来的"四条派"富有日本情趣,把日本画的传统流传到了后世。受中国文人画影响发展而来的日本南画主要在文人和学者中流行,在这个时期出现了谷文晁的弟子田能村竹田和渡边华山。其中渡边受过兰学(江户时期从荷兰传入的学问和技术的总称)影响,有著名作品《鹰见泉石像》。

在戏剧方面,第七代市川团十郎是深受大众喜爱的著名歌舞伎演员。在全国各地也上演着模仿歌舞伎的表演"村芝居"。在许多城市,都设立了演艺戏曲的舞台"芝居小屋"。还有活跃于江户末期的脚本家河竹默阿弥,以"白浪物"而著名,这是一种以盗贼为主人公的"世话物"歌舞伎戏目,名称来源于中国古代对盗贼的称呼"白波贼"。此外,见世物、曲艺、讲谈、寄席、相扑等也流行起来。

在民俗文化方面,为了募集修缮费用,出现了"缘日""开账""富突"等习俗。去寺社参拜的习俗也形成了,例如,去伊势神宫参拜称为"御阴参"。此时有流行去各个圣地、灵地旅行的"巡礼"习惯。一年中的节日有"节句""彼岸会""盂兰盆会"等。祭祀仪式代表性的有"日待""月待""庚申讲"等。

18 江户时代的儒学

在思想方面,儒学代替佛教成为主流,同时也成为学术的主流。尤其是朱子学的"大义名分论"思想因为强调君臣、父子间的上下从属关系,因而成为最适合维持封建统治的理论,被幕府和各藩作为官学所采纳。

朱子学是中国南宋时期形成的学问,以前已在镰仓时代由禅宗的僧侣介绍到日本,在战国时代以前,由禅宗的僧侣专门研究。但到战国时代末期,京都相国寺僧人藤原惺窝还俗,因向德川家康讲解朱子学而受到重用,使朱子学从僧侣手中独立出来,成为日本封建社会的基本教条。惺窝的门人林罗山(出家后号道春)也曾是建仁寺的僧人,学过朱子学,后经藤原惺窝推荐被德川家康所重用,并成为家康、秀忠、家光、家纲四代将军的"侍讲"。1630年,林家的自家私塾弘文馆在上野的忍冈设立。林罗山的子孙世代担任幕府的"大学头"一职,以教授朱子学为己任。各大名因此也逐渐重视朱子学。朱子学主张从思想上加强封建统治体制,带有浓厚的伦理色彩,对以后日本的学术和思想发展有重要影响。

由藤原惺窝所创、弟子林罗山继承的儒学流派被称为"京学"。在这个时期,林罗山及其子林鹅峰著有史书《本朝通鉴》,林鹅峰之子林信笃(林凤冈)被德川纲吉任命为大学头。

林家之外的京学者还有木下顺庵。他曾受到加贺藩主前田纲纪的器重,后成为德川纲吉的侍讲。木下顺庵门下有一位十分著名的弟子新井白石,在第六代将军家宣、第七代将军家继时代曾供职于幕府,辅佐幕府行"正德之治"。他著有的史论书《读史余论》,记载了公家政权朝武家政权过渡的经过。他的另一本专著《古史通》,是一部对《日本书纪》"神代卷"进行合理阐释的书。另外,他还著有自传性随笔集《折焚柴记》。另一位木下顺庵的弟子室鸠巢在第八代将军吉宗时代受到幕府重用。木下顺庵也是一位教育家,门下弟子名人辈出,被称为"木门十哲"。

另一支朱子学的流派是"海南学派（南学）"，土佐藩的僧人谷时中还俗后成为该学派事实上的创立者。有名的门人有土佐藩家老野①中兼山和山崎暗斋。山崎的重要贡献是将儒学和神教进行了融合，从而产生出新的神道思想"垂加神道"，这是一种带有"尊王"思想的神道理论。山崎受到会津藩主保科正之的重用。

和重视学习典籍的朱子学不同，强调通过实践来认知，即"知行合一"的阳明学也在日本发展起来。阳明学是以研究明代王阳明的思想为中心的学问，强调"知行合一"。代表人物有中江藤树，他被尊为日本阳明学之祖，开私塾"藤树学院"讲授阳明学。还有熊泽蕃山，为冈山藩主池田光政所用，写有《大学惑问》一书，对社会进行批判，并因此受刑，被幽禁在下总古河。大盐平八郎也受阳明学思想的影响，创立了私塾"洗心洞"。

同时，反对学习后人的儒学思想而主张直接学习孔孟经典的"古学"也是当时的一种儒学思想。在这种思想当中，山鹿素行撰书《圣教要录》对朱子学进行了批评，因此被称为"圣学派"。他还写有《中朝事实》一书。此外，还有"古义学派"，或称"崛川学派"，代表人物是伊藤仁斋和伊藤东涯父子。他们在京都崛川开设了私塾"古义堂"。另外还有"古文辞学派"，或称"萱园学派"，代表人物是荻生徂徕。他本是一位经世家（以"经世济民"的立场向政府出谋划策之人），效力于柳泽吉保（第五代将军纲吉的"侧用人"）和德川吉宗，并在江户开设了私塾"萱园塾"，著有政治改革论《政谈》。另一位代表人物太宰春台也是一位经世家，著有《经济录》一书，对幕藩体制提出了改革的建议。

"折中学派"和"考据学派"也出现了。"折中学派"是糅合了朱子学、阳明学、古学之所长而形成的。代表人物广濑淡窗在丰后日田开私塾"咸宜园"。"考据学派"从中国传入，试图通过研究古代典籍来寻找确凿的历史证据。

在江户幕府前期，第五代将军纲吉好学，于1690年将林家的私塾弘文馆移至江户的汤岛并加以完善，成为"圣堂学问所"，以祭祀孔子，并奖励朱

---

① 武士集团中农臣地位最高的职务。通常有数人，以合议的方式辅佐城主，管理武士集团。

子学者。此时由林信笃任大学头。到江户幕府中期以后，幕府向武士强力推行儒学以此来对抗当时的反儒学思潮。幕府的老中①松平定信于1787年(天明七年)主持宽政改革，并在1790年接受柴野栗山的建议，幕府将朱子学立为唯一可以公开传播的"正学"，禁止在圣堂学问所讲授其他"异学"。1797年，本为林氏一门私塾的圣堂学问所也变成了幕府直接经营的"昌平坂学问所"，这是东京大学的雏形。柴野栗山、冈田寒泉、尾藤二洲成为儒学教官，此三人被称为"宽政三博士"。在松平定信引退后，古贺精里成为冈田寒泉的继任者，和栗山、二洲一起推进了幕府儒学教育的改革。

这一时期教育得到了极大普及。在城下町出现了藩士子弟的教育机关"藩校"(藩学)，在乡村设立了平民的教育机构"乡学"。冈山的池田光政于1641年建立的"花畠教场"是最早的藩校，会津藩的"日新馆"由德川家纲的助手保科正之于1664年创建的"稽古堂"发展而来，德川齐昭于1857年在水户设立了"弘道馆"。其他著名的还有久保田的"明德馆"、米泽藩的"兴让馆"、尾张藩的"明伦堂"、萩藩的"明伦馆"、熊本藩的"时习馆"、萨摩藩的"造士馆"等。著名的乡学有冈山藩池田光政于1670年建立的"闲谷学校"。半官学机构有1673年由大阪市民出资修建的"怀德堂"，请中井竹山为主讲，培养出富永仲基、山片蟠桃等著名的学者。此外，还有很多著名的私塾，例如，崛川学派的伊藤仁斋开设的"古义堂"、古文辞学派的荻生徂徕开设的"萱园塾"、兰学学者大槻玄泽开设的"芝兰堂"、国学学者本居宣长开设的"玲屋"。还有一般平民的学习机构"寺子屋"，以《庭训往来》《实语教》为教材。以贝原益轩的著作《和俗童子训》为蓝本编写了面向女子教育的教科书《女大学》。同时，京都的市民石田梅岩以平民的伦理和道德为中心，宣扬"心学"，女性也被允许听讲。这是在儒学道德的基础上融入了佛教和神道教的思想而产生的，在其弟子手岛堵庵、中泽道二的努力下普及到全国。

因此，到江户时代末期日本一般民众的识字已达到相当高的水平，成为以后日本迅速发展的重要基础。

尊王思想在江户时代后期的历史上有着重要的意义。在日本，尽管掌握政治实权的人有变化，但天皇始终被认为是形式上和精神上的主权者，幕

---

① 江户幕府常设最高职务，负责统领全国政务。通常由四五人组成。

府的首脑将军在形式上也被认为是受京都的天皇和朝廷的委托来推行政治的。然而和欧洲王权神授的观念不同的是,天皇作为一个实在的主体,与将军幕府存在着权力上的纠葛和对立,因此江户时代初期出现了尊王思想,认为要把政权委托给幕府的天皇,以此来提高将军和幕府的权威。特别是到了德川时代以后,由于朱子学盛行,从其中的一个领域——"大义名分论"的立场出发,一直主张尊王论。这是强调上下尊卑关系的儒学与日本自有的国学相结合的产物。到江户时代中期,随着商品生产与商品流通的发展,尊王论的内容也发生了很大变化。在此以前的尊王论是为了提高幕府的权威,以后的尊王论从根本上来说是要求成立以天皇为中心的统一国家。

"水户学"是水户藩主德川光圀①在编撰《大日本史》过程中产生的尊王论。他特别重视朱子学的名分论,他企图根据这个观点来编写日本的历史。他认为德川幕府是受天皇委任的正式的日本的统治者,幕府的权威是由于受天皇的委任而产生的,他主张天皇是日本思想上的统治者。自光圀以来,兴起了以名分论为核心的朱子学的一派,称作"水户学",这成为以后尊王论的发展基础。

水户藩国学家竹内式部因向朝廷宣扬尊王论而被处罚,史称"宝历事件"。这是由尊王论引发的第一个事件。

竹内式部学习过山崎暗斋的朱子学,同时也是暗斋所创始的垂加神道的传道者。竹内式部认为日本较其他外国优秀的是天皇为太阳大神的子孙,这样的天皇过去神德旺盛,因而天皇的朝廷也拥有权力,后来天皇的神德衰落,朝廷也随之处于武家的下风。现在只要天皇、公卿信奉垂加神道,神德就可以恢复,政权就会再次回到天皇和朝廷的手中。竹内式部的尊王论并不是企图提高幕府的权威,而是表现为王政复古的主张,京都的公卿和桃园天皇都崇拜他的思想,因而遭到了幕府的镇压。

军事学家山县大弍因在江户宣扬幕府的腐败和尊王论而受到幕府的追捕,史称"明和事件"。山县大弍著有《柳子新论》,他认为自从政权转移到武家手中以来,政治就变成了二重本位制,这违反了"天无二日,地无二王"的原则,并且现在各种罪恶的社会现象皆起因于此。因此,山县大弍认为幕府

---

① 幼时名"光圀",成年时受将军家光之命,改名"光国"。后在52岁再次改为"光圀"。

应当把政治归还朝廷，只要政治一元化，各种社会罪恶就会消除。这种思想就是主张建立以天皇为中心的统一国家。

在德川光圀时期，著名的水户学人物是明末逃亡到日本的朱舜水。到德川齐昭时期，代表人物是藤田幽谷、藤田东湖、会泽安等人，以著作《新论》为代表。

不仅仅水户学宣扬尊王思想，其他的一些学者也是尊王论者。例如，被称为"宽政三奇人"的林子平、高山彦九郎、蒲生君平。

尊王论思想的基础来源于当时幕藩体制的动摇，以及由于商业资本的发达而形成全国性市场这一现实。之后尊王论成为幕府末期的强有力的时代思潮。

19 江户时代的西学

日本的西学以从荷兰传入的"兰学"为主。

江户时代初期,日本同欧洲的交往也相当频繁,日本人当中也出现了相当多精通葡萄牙语和其他欧洲语言的人。但自锁国(1639—1854)以后,尤其是禁止进口有关基督教的西方书籍以后,研究西方学术就日益困难。荷兰人每年向幕府提交世界形势的报告书《风说书》,但那只有老中等极少一部分官吏能看到。日本的西学首先是从荷兰学的医学方面开始的。在江户时代前期,外科方面已经部分地吸收了荷兰的医学,出版过两三册翻译书籍,但仍局限于很小的范围,未对西方学术进行系统的研究。

江户时代中期以后,对欧洲学术的研究获得了迅速的发展,这是有一些原因的。首先,在德川时代前半期大力研究了明代先进的科学技术书籍,在元禄时代以前已将其最高水平的成果加以消化,并能做进一步的发展。其次,对朱子学等高度论理性的探求也有着重大的意义。最后,封建统治者面临社会矛盾的激化,幕藩体制出现了动摇,对于幕府提倡的"朱子学"出现了许多质疑。因此,国学开始探究幕府以前的日本历史,洋学方面开始努力汲取西方科学,企图通过开发新的生产技术来加强自己的统治力量,这也是西学发达的一个原因。这个时期第八代将军吉宗对汉译洋书采取了相对温和的政策,允许基督教以外的书籍传播,甚至在一定程度上鼓励兰学的传入,这对以后的西学研究有着重大的意义。

天文学者西川如见著《华夷通商考》,晚年又著《增补华夷通商考》。这是日本最早的世界地志,并首次向日本介绍了南北美洲。在元禄、享保的中间时代,当时将军的政治顾问新井白石根据自己与冒着生命危险来日本传教的意大利传教士西多契(Giovanni Basttista Sidotti)的对话编著了世界地理书《采览异言》和介绍海外情况的《西洋纪闻》。他在书中相当准确地叙述了欧洲的地理和历史,并承认欧洲的科学技术要比日本先进得多。新井白石还曾学习过荷兰语。西多契从大隅国屋久岛潜入日本,后被幕府逮捕并遭受审讯,新井就是在这一过程中了解了西方。

在这一时期,儒学者、兰学者青木昆阳和本草学者野吕元丈等人受吉宗之命也开始学习荷兰语。

在中医学方面,当时出现了排除迷信因素、重视实际的经验和观察的幕府职务"古医方"。山脇东洋于1754年(宝历四年)在京都对死刑犯进行了解剖,出版了《脏志》一书,这是日本最早的解剖绘图册。前野良泽和杉田玄白于1771年(明和八年)在江户实际观看了人体解剖,从而了解了一部解剖书 Anatomische Tabellen,并产生了翻译它的念头。这是一部由德国医生约翰·亚当·库尔姆斯所著的人体解剖书的荷兰语译本。费了很大一番心思,他们终于在1774年(安永三年)完成并定名为《解体新书》。杉田玄白还将翻译过程的艰辛记入了《兰学事始》中。二人的弟子大槻玄泽编写了兰学入门书籍《兰学阶梯》,并设立了私塾"芝兰堂",兰学家稻村三伯和兰学医师宇田川玄真即受教于此。《解体新书》的发行标记着日本正式从基础开始研究欧洲学术。以后在医学、天文学等自然科学的领域兴起了兰学的研究。这个时期的兰学家和住于长崎出岛的荷兰人在"太阳历"(格里历)的正月举行了庆祝活动,被称为"新元会"。此外,宇田川玄随(宇田川玄真的养父)将荷兰的内科书籍翻译成了《西说内科撰要》一书。

1796年(宽政八年)稻村三伯撰写了荷日辞书《波留麻和解》,这是日本的第一部日荷辞典。另外,平贺源内发明了用摩擦起电的方式产生静电的装置和温度计。

在江户时代后期,高桥至时以西洋历为基础制定了宽政历。其子高桥景保主持为幕府设置了翻译机构"蛮书和解御用",负责对西方的书籍进行翻译,后来发展为"蕃书调所"。

在长崎,荷兰商馆的医生德国人菲利普·弗朗兹·冯·西博尔德(Philip Franz von Siebold)于1823年至1828年(文政六年至十一年)在长崎郊外的鸣泷开设了诊疗所和学校"鸣泷塾",教授西方医学,高野长英和伊东玄朴受教于此。这所学校汇集了来自全国的优秀学生,为荷兰学的发展做出了贡献。因发现西博尔德回国时带有禁止携带出境的日本地图,西博尔德受到不准再入境的处分,史称"西博尔德事件"。日本方面,担任"蕃书调所"职务"天文方"一职的高桥景保等人也受到了处罚。西博尔德回国后写了许多有关日本的书,成为日本研究的第一流的学者。日本开国后又再次来到日本。此外还有德国人肯贝尔在回国后写有《日本志》一书。

高桥至时的弟子伊能忠敬靠步行实地测量了日本全国的海岸线,做成了精确的《大日本沿海舆地全图》。志筑忠雄著的《历象新书》介绍了万有引力和地动学说。他还将德国人肯贝尔的著书《日本志》翻译为日文,取名《锁国论》,这是"锁国"一词首次出现在日语中。

兰学家渡边华山著有《慎机论》,高野长英著有《戊戌梦物语》。高野长英及受到渡边华山等人的兰学影响的知识分子从"开国论"的立场批判了幕府的政策,遭到了幕府的残酷镇压。这次事件被称作"蛮社之狱",产生的影响很大。另外,还有佐久间象山提倡的"开国论"。

以学习西学为主的私塾教育也有所发展。广濑淡窗在丰后开"咸宜园"。在大阪也有绪方洪庵开"适塾",培养了许多兰学家,福泽谕吉和大村益次郎就学习于此。在萩开设的"松下村塾"以吉田松阴为中心教授西学,高杉晋作等人就学习于此。

20 江户时代的国学

日本江户时代的国学是指带有复古主义的立场研究《古事记》《日本书纪》等古典书籍的学问,也称"古道"。江户前期的主流思想是儒学,到中期以后以日本古代固有思想为研究对象的国学才发展起来。

在元禄时期,诗歌学者户田茂睡对中世和歌进行了批判,提倡对和歌进行革新。他反对中世以来和歌的形式主义,认为中世和歌已日趋脱离《万叶集》自由不羁的风格路线,主张在和歌中使用俗语。随后僧人契冲在《万叶集》的研究方面取得了优秀的成绩,他受德川光圀之命著《万叶代匠记》,认同户田茂睡的主张。同时北村季吟在对《源氏物语》《枕草子》等平安时代文学作品的研究中试图探索作者的真实意图,著有《源氏物语湖月抄》。他成为幕府专任和歌研究的"歌学方"。这种对古典及古代文化关心的高涨,发展为试图通过文献来正确理解古代文化的倾向,成为下一个时代国学兴起的基础。

此时对日本古典的研究主要还是对古典文学的研究,思想方面的主张并不多见。到化政时期,出现了对《古事记》和《日本书纪》的研究,提出了日本"古来之道"的主张,产生了"国学"。国学从寻求日本未受儒教、佛教等外来思想影响之前的古代思想来对日本古典进行研究。

18世纪前期的代表人物荷田春满是京都伏见的神官。他从研究日本的古语和古典出发,主张要阐明日本"固有之道",排斥儒教、佛教等外来思想。他曾写《创学校启》向德川吉宗进言设立教授国学的学校,不过没有成功。

18世纪中期的代表人物是荷田春满的弟子贺茂真渊,他为第八代将军德川吉宗的次子德川宗武家所用。贺茂认为,未受外来思想影响以前的日本人过着纯洁的精神生活,他主张要在现在恢复这种精神,并由此展开了对《万叶集》《古事记》的研究,代表成果有对《万叶集》研究的著作《万叶考》《歌意考》和宣扬复古思想的《国意考》等。

18世纪后期的代表人物本居宣长集国学之大成。他出身于伊势松阪的商人家庭,曾是松阪的医生。其著作有对《古事记》进行注释的《古事记传》,对《源氏物语》进行注释的《源氏物语玉之小栉》,以及随想集《玉胜间》等。他批判"汉意",即反对朱子学、阳明学、古学等儒学各派别,主张回归日本古来的精神传统。他把未受外来思想即"唐心"影响以前的日本人的精神称为"大和心",主张要返回到这种精神上来。以狂热的复古主义为特征的国学是在江户时代中期以后,封建社会的矛盾公开化的过程中出现的一种新思想。国学家以古代为理想,主张复古,但其中也包含批判和否定当时的封建统治的因素。

19世纪前期的代表人物是本居宣长的门人平田笃胤。他发展了本居宣长的神道理论,成为"复古神道"集大成者。他强烈排斥儒教和佛教,有着强烈的以日本为中心的复古思想,对尊王攘夷论也有不小影响。笃胤的国学称作平田派国学,在地方的豪族中间有着广泛的影响。其原因是他的思想对封建统治的现状有所批判,而且同反对幕府末期殖民地化危机而产生的攘夷思想有联系。同时不可否认的是他的思想中有排外主义的一面,这成为以后对外侵略思想的一个因素。

荷田春满、贺茂真渊、本居宣长、平田笃胤这四人被合称为日本江户时代的"国学四大家"。

贺茂真渊的弟子塙保己一为江户时代后期的国学者、文献学者。他年幼时就双目失明,但勤于治学,创办了国史讲习和从事资料编纂的机构"和学讲谈所",并且编撰了对日本书籍进行分类的《群书类丛》。

本居宣长的弟子伴信友也是江户时代后期的国学者,著有大量考证古代典籍的著作。

以德川时代初期生产力的发展为背景,日本还在医学、农学、天文学、数学、土木工程学等领域里有着独特的发展。其中也有来自朱子学的伦理研究方法的影响,在学术上出现了合理主义的精神,为以后的学术发展奠定了基础。

在元禄文化时期,从农学和草药研究发展而来的博物学"本草学"发展起来了。代表性成果有贝原益轩所著的《大和本草》和稻生若水所著的《庶物类纂》。高等数学从研究明朝的"天元术"出发,后来出现了"和算",并获得了独特的发展。和算家吉田光由撰写了《尘劫记》,介绍了使用算盘进行计算的方法,但其著作与中国数学家程大位的著作《算法统宗》极为相似。另一位和算家关孝和著《发微算法》,介绍了基础代数相关方面的内容,用笔算的方式在圆周率及圆的面积计算方面进行了研究。因土地测量、土木工程及制定正确历法的需要,数学也发展起来。在天文和历法学方面,安井算哲从研究元代的授时历出发,在修正了宣明历的基础上制定了"贞享历"。他还担任第五代将军时期幕府制定历法的专职"天文方"。在江户时代的前半期,在自然科学的领域里热心地研究了明朝的科学技术,进一步推动了它的发展。这一工作和朱子学合理主义的伦理方法的普及,奠定了下一时代西学兴起的基础。

  在历史学领域,主要有林罗山、林守胜、林春斋、林春信等执笔的《本朝通鉴》,新井白石所著《读史余论》和《古史通》,以及德川光圀所著《大日本史》。在江户时代的初期,由于生产力的迅速发展,以及对中国文化的吸收已达到完全消化的阶段,因而对自己文化的关心高涨起来。

  在农学方面,宫崎安贞效仿中国的《农政全书》,并根据日本的实际情况写了《农业全书》,这部书在当时相当普及。还有大藏永常撰写的《农具便利论》介绍了农具,他的另一本书《广益国产考》介绍了各种作物的栽培方法。在农政学方面,农政家二宫尊德在关东各地的农村发起了农村复兴运动。他主张以勤劳、节约的方式进行生活,称为"报德仕法"。此外还出现了农政学家大原幽学。

21 明治前期的思想

从明治政权确立(1868)到明治十年(1877)西南战争结束是以废藩置县和地税改革为主的改革时期。旧藩体制下的保守势力的反抗最终以西南战争的失败而告终,而农民阶层因不在改革所惠及范围之内,对封建制度的反抗随处可见。

这一时期在思想上既有复古神道的影响,也有维新时期英美自由主义和功利主义思想的传播。一方面,废除了佛教而复兴了神道,但神道国教化的尝试与大教院的废止一起夭折了;另一方面,福泽谕吉《劝学篇》《文明论概略》的出版,当时进步学者的结社"明六社"的出现,以及其创办的杂志《明六杂志》所代表的思想启蒙活动日渐蓬勃。在这场启蒙风潮中,福泽谕吉具有最广泛的民众性。同时,启蒙政治思想的代表加藤弘之则出版了《真政大意》《国体新论》等书籍介绍天赋人权论,启蒙哲学的代表西周出版了《百一新论》和日本最早的逻辑学著作《致知启蒙》,他们均致力于批判和清算封建意识形态的腐朽性。在哲学方面,针对"和汉"的"虚学",主张"实学",初步表现出实证主义的倾向。在伦理学方面,福泽认为应以"独立自尊"代替服从道德。津田真道出版了介绍西洋法的《泰西国法论》,提出了"快乐说",西周提出以"功利主义"来代替"克己说"。在政治思想方面,则是以"自由主义""立宪主义"来代替日本国学者们的学说。在经济学方面,提倡以自由竞争为基础的商品生产来对抗"农本主义"。不过这一时期的"实学"倾向受到当时法国实证论和英国功利主义的显著影响,尚未达到唯物主义的认知高度,即使是后来转而主张唯物主义的加藤和津田也没有达到这种地步。

从明治十一年(1878)到明治二十二年(1889)颁布宪法的这十二年是日本由官僚政府强制性建设资本主义产业的时期,同时自由主义思想家们因政治言论而遭到打压。这一时期法国自由主义思想影响甚广,到后期则出现了国权论。

在明治七年(1874),由教育家副岛种臣、实业家后藤象二郎、政治家板垣退助(被誉为"日本宪政之父")等8人联名提出"设立民选议院建议书",站在"天赋人权"的立场认为代议权和纳税义务有着不可分割的关系,并以此为依据建议设立"民选议院",从而引发了打压自由派民权思想家的第一次风波,并因此形成了广泛的民权运动。农民阶层的不满成为自由民权运动的推动力,在自由党左派的领导下形成了广泛的具有民主主义思想的民众基层。明治十七年(1884),要求革新政治的自由党员动员陷于贫困的农民在秩父地方发动了暴动,使自由民权运动达到了一个高潮。最终,自由主义者同藩阀官僚达成了妥协。

在这样的背景下,由于进化论的流行,思想上表现出实证论和自然科学主义的倾向。斯宾塞的进化哲学与卢梭天赋人权思想也一起盛行起来。尤其值得一提的是与民权论者进行论战的加藤弘之在《人权新说》中吸收了恩斯特·海克尔派以进化论为根据的自然科学唯物主义,民权论思想家中江兆民因在《理学钩玄》和《三醉人经纶问答》中提出的进化论——自然科学唯物主义思想,被奉为"东洋的卢梭"。从明治二十年前后开始,津田真道明确提出了唯物主义的主张。总之,启蒙思想家们从"实学"逐渐走向了宣扬资本主义技术和政治上进行革新的方向,最终提出了唯物主义思想。

另一方面,唯心主义也发展起来,以东京帝国大学为中心,主要是在德国唯心主义的影响下兴起的,同时儒教和佛教也因此显示出复兴的趋势。井上哲次郎研究伦理问题的《伦理新说》成为唯心主义学说的先驱。井上在书中把一切现象的本体看作"万有成立",认为"万有成立"就是儒教的"太极"、老子的"无名"、佛教的"真如"、康德的"物自体"、谢林的"绝对者"、斯宾塞的"不可知者",通过主张东西方哲学在本质上的同一性,为东方思想的复兴贡献了力量。三宅雪岭的《哲学涓滴》根据施韦格勒和费舍尔的哲学史介绍了从培根、笛卡尔到黑格尔的哲学,在当时受到了推崇。

儒教和佛教也随着唯心主义的蓬勃兴起而以新的面目出现。明治十四年,文部省作为针对民权思想的对策推行了儒学教育。西村茂树开始致力复兴作为"治心之术"的儒教,竭力宣传"日本道德",著有《日本道德论》。在佛教界,攘夷运动和梵历运动倡导者佐田介石著有《视实等象仪详说》和《天地论往返集》,彻底反对西洋天文学和历学。随后井上哲次郎门徒井上圆了发表了《真理金针》和《佛教活论》，引用进化论及能量守恒定律攻击基督教，同时用欧洲哲学把佛教理论更加纯洁化。他用这些自然科学思想来批判基督教的有神论和创世说，宣扬佛教是"无神论"。在前一时期被洋学压制的儒教和神道在这一时期走向了共同复兴，暂时停止了在德川时代那样的相互争论。

从颁布宪法（1889）到中日甲午战争结束（明治二十八年，即 1895 年）是明治维新以后的改革期。德国国家主义思想受到了重视，同时官定国家主义运动也开展了起来。资产阶级先驱思想家福泽谕吉已经提出了朝鲜问题，提倡扩军并向外发展。左翼民权论者大井宪太郎以保护工人的普选运动为口号，组织了东洋自由党，把解决民主的课题同劳动阶层结合起来。不过，在甲午战争以前，社会主义还没有形成明确的趋势。德富苏峰创办了"民友社"，推动在平民阶层层面的现代化，其机关杂志《国民之友》刊登了部分学者有关社会主义和社会思想的文章，但还没有形成一股社会潮流。

与这种情况相对应的是，在思想界代表国家主义思想的势力日趋增长。加藤弘之虽然是稍稍接近自然科学唯物主义的学者，但在宪法颁布后不久创办的杂志《天则》上发表了《日本的国是》一文，提出了是"武国主义"还是"商国主义"的问题，强调了应该采取"武国主义"的立场。此外，三宅雪岭等人的政教社利用其机关杂志《日本人》宣传保存国粹来对抗欧化主义，呼吁建立强大的国家和政府并扩张军备。随后，三宅雪岭出版了《真善美日本人》一书，书中还加入了人种论的观点，鼓吹在世界上伸张正义的"国权主义"。

在这样的氛围中，井上哲次郎与基督教徒之间引发了一场大论战。井上哲次郎攻击基督教的出世主义、无歧视的博爱主义是和立足于现世的伦理、国情不同的"日本主义"相矛盾的。明治二十五年（1892），自由主义历史学家田口卯吉在他创办的杂志《史海》上刊载了久米邦武的文章《神道是祭天的古俗》，引发了神道家们的抗议。他们以反国体性为由迫使当局免去久米东京大学教授的职务。在这种局面下，井上哲次郎的《现象即实在论》成了哲学唯心主义的标志。这篇文章发表在明治二十七年的《哲学杂志》上，基本上是《伦理新说》的发展，是一次想把东西方的哲学混为一谈的尝试。随后日本对德国哲学的研究更加详细，同时东方思想虽然在高等学府中作为历史的、客观的事实被保存下来，但通俗化的伦理思想表现出更加强烈的倾向。

到明治30年代以后,唯物主义也表现出和社会运动相结合的倾向。中江兆民最后一本著作《续一年有半》就是民权运动在哲学方面的遗产,也可以说他的唯物主义论调是在扬弃了资产阶级局限性之后才流传下来的。

22 明治时期的文艺

明治初期还残留着江户时代末期的通俗小说的形式，通常被称为"戏作文学"，比如，假名垣鲁文以牛肉火锅店为舞台的作品《安愚乐锅》继承了戏作文学的传统，但也逐渐出现了取材于文明开化的新风俗的作品。当报纸上开始刊登连载小说、出版业兴旺发达之后，文学作品便在国民中被广泛阅读。外国文学的翻译也开始出现。另外，在自由民权运动中，出现了立宪改进党人矢野龙溪的《经国美谈》和东海散士的《佳人之奇遇》等政治小说，以及自由党人末广铁肠在退出自由党后，成立了独立党，并出版了《雪中梅》来宣传其思想。

随着井上馨推行欧化政策，西方文学从明治初年起被介绍到日本，在重视其内容的同时，在文学上还出现了追求其作为艺术的独特价值的倾向。

受西方文学的影响，日本文坛普及了用日常说话的语言来写小说的"言文一致体"，并逐渐采取了细致地描写自然和人情的创作方法。坪内逍遥于1885年(明治十八年)所著的《小说神髓》，被称为日本近代文学评论的开端。逍遥在该书中主张"写实主义"，认为文学应该如实地描写人情世态及风俗。逍遥站在这一立场上，写了小说《当世书生气质》，给日本近代文学的形成带来了很大影响。逍遥还致力于英国古典作家莎士比亚作品的翻译、歌舞伎的近代化和近代戏剧的创立，并培养了大批的文学家，在日本近代文艺的发展上留下了不可磨灭的足迹。其弟子二叶亭四迷通过对俄国文学作品的翻译及小说《浮云》的创作等成为日本近代文学的先驱，产生了巨大的影响。

进入明治20年代，随着对欧化主义政策的反思和国家主义思想的抬头，日本文坛进入了"红露时代"，这是一种拟古主义文学潮流。尾崎红叶参与建立的"砚友社"继承了在日常生活中寻求题材的"西鹤手法"，同时他力求创作出写实的小说,将文艺作品普及到广大民众中去,有著名作品《金色夜叉》。另一方面,幸田露伴写了大量受佛典、中国古典作品等影响的理想主义作品,重要作品有《五重塔》。

在明治30年代中,日本文坛开始流行"浪漫主义"风潮,主张将自我从封建道德中解放出来,尊重个体。北村透谷主持的杂志《文学界》受到西方文学及基督教思想的深刻影响,写出了以人的自我觉醒为基调的浪漫主义作品。北村以评论为中心,重要作品是《内部生命论》。女作家樋口一叶深入观察当时平民的生活和感情,创作出了反映他们情绪的作品,如《青梅竹马》《浊流》等。此外,岛崎藤村从内容和形式两个方面奠定了近代诗的基础,完成了新体诗的创作,有作品集《若菜集》。上述三人均以《文学界》为发表作品的舞台。

在诗歌方面,除了岛崎藤村的贡献外,这一时期还出现了短歌的革新运动。以新诗社的杂志《明星》为据点,与谢野晶子、北原白秋、石川啄木等人形成"明星派",创作出了热情而格调高雅的和歌。与此同时,正冈子规也创办了诗歌杂志《杜鹃》,对江户时代以来在市民和农民中盛行的俳句进行了革新,给俳句赋予了近代的生命力,并在和歌的近代化上也做出了很大的贡献。

到日俄战争前后,随着日本资本主义社会的进一步成熟,法国和俄国的自然主义文学带来了巨大的影响,要求真实地反映人类社会现实的自然主义成为文坛的主流,国木田独步、田山花袋、岛崎藤村、德田秋声等人是这一流派的代表,他们都试图反映随着资本主义社会的发展而出现的社会生活的矛盾。

自然主义产生了极大的影响。与此相反,由夏目漱石所代表的反自然主义,深入地挖掘人的心理,注重精神方面的描写,从而开辟了文学的新领域。另外,石川啄木从浪漫主义出发,敏锐地洞察社会生活,同时受到社会主义的影响,把诗歌发展到独特的境界。

由坪内逍遥、森鸥外所开创的新型的文艺评论,也由于报纸和杂志的发展而获得了发表的场所,逐渐在文学界占据了重要的地位。

在绘画方面,明治时期的美术从西洋画和日本画两个方面展开。

高桥由一是日本近代西式绘画的先行者,代表作是《鲑鱼》。法国画家毕格（Georges Ferdinand Bigot）于1882年来到日本，在长达17年的时间里留下了许多描绘日本社会风貌的作品，对日本的西洋画发展产生了巨大影响。

1876年，工部省为了引入西方文化而设立了工部美术学校，这是日本最早的美术教育机构，设置了"画学科"和"雕刻科"两门专业。画学科由意大利画家安东尼奥·冯塔勒西（Antonio Fontanesi）执教，雕刻科由意大利雕刻家维琴佐·拉古萨（Vincenzo Ragusa）执教。学校培养出浅井忠、松冈寿等画家。

浅井忠是明治时期著名油画家和教育家。他创立了明治美术会，其代表作有《收获》，因浓厚的色彩表现而被称为"脂派"。同时学习法国后期印象派画法的黑田清辉和久米桂一郎，回到日本后创立了"白马会"，他们重视柔和的光彩和个性化的感受，这种风格被称为"外光派"。黑画清辉的代表作有《湖畔》《读书》等。久米桂一郎的代表作是《裸妇》。白马会的代表画家还有藤岛武二、和田英作、和田三造等人，后均成为东京美术学校洋画系的教授。此外还有浪漫画风的青木繁，其代表作是《海之幸》。

在日本画方面，在文明开化中备受否定的传统绘画开始了复兴之路。东京大学哲学教师、美国人贾罗洛沙（Ernest Francisco Fenollosa）致力于重新发现日本美术的价值，与其助手冈仓天心一起于1887年创立了东京美术学校，以复兴日本传统美术为目标。而就在同一年，外相井上馨在保守派的反对中辞职，对欧化政策的反弹和民粹主义抬头。狩野派画家狩野芳崖也参与了东京美术学校的创建，但在开校前去世，其代表作品是《悲母观音图》。追随冈仓天心的画家有桥本雅邦和其弟子菱田春草。冈仓随后因东京美术学校的运营理念等问题而被迫辞职，桥本和菱田二人则以冈仓为中心创建了日本美术院。桥本的著名作品有《龙虎图》，菱田大胆采纳了西方绘画的技法，其代表作有《落叶》《黑猫》等。

日本美术院主持并举办了美术展，称为"院展"。后来文部省也举办了美术展，称为"文展"。两大展览成为日本近代最重要的美术展会。

在音乐方面，江户时代以来的乐曲继续流行，但在明治初年引进了西方音乐作为军乐。在小学中，最初引进的歌曲，要么是模仿西方的歌谣，要么是仅把歌词变为日语。1887年建立了东京音乐学校，出现了像泷廉太郎等具有西方音乐风格和本民族音乐内容的作曲家，他们逐渐创作出了为国民所喜爱的歌曲。

中 编

日本文化的神髓

23 诸神的世界

——记纪神话

日本古代信仰究竟是怎样一番面貌呢?

和中国不同的是,日本文字的书写体系产生得很晚,大约从7世纪末到8世纪初才出现。在这个时期,在中国文化的影响下,日本的政治体制得以迅速完善。在天武、持统、文武、元明、元正天皇更迭的过程中,以天皇为中心的中央集权国家逐步形成。在8世纪初撰写出来的史书《古事记》和《日本书纪》中记载的神话,无疑对此后日本的信仰产生了巨大影响,被人们称为"记纪神话"。它作为国家神话被创作出来,试图从神话的角度证明天皇的正当性。

《古事记》叙述了天地创造时的情形。天地之初,高天原出现的神首先是天之御中主神,其次是高御产巢日神,最后是神产巢日神。高天原就是最初出现众神的地方。在记纪神话中,高天原一开始就已经存在,并无关于它是如何形成的描述。这些神经过了五代的别天之神,之后是神世七代。最后,伊邪那岐和伊邪那美出现了,神话由此进入真正开始发展的阶段。

高天原之外是一团混沌的漩涡状液体。伊邪那岐和伊邪那美被派去将混沌的世界变为土地。伊邪那岐将他的长矛插入漩涡中,矛上滴下的水滴凝结成淤能基吕岛。两位神祇降临到这个岛上,并开始繁衍后代。他们的结合产生出了许多岛屿,形成了日本列岛,也产生出了许多神。最后,伊邪那美在生产火神时被烧死,前往了死者之国——黄泉。悲伤至极的丈夫伊邪那岐来到黄泉,试图把她带回阳间,不过看到的却是伊邪那美全身长满蛆虫。伊邪那美感觉到羞耻和愤怒,于是将丈夫赶出黄泉。他在河中清洗阴间的污秽时,若干神祇又从他的衣服、眼睛和鼻子里出现,包括洗左眼时诞生的太阳神天照大神和洗鼻子时诞生的海神素盏鸣尊。

这一段故事表明了古代人的生死观。世界是以依照生殖为模型产生的。死者前往黄泉,尸体长满蛆虫,肮脏且污秽。而由死亡带来的污浊必须通过清水洗涤才能祛除,由此发展为神道教中一个重要的仪式——净身。

随后,天照大神和素盏鸣尊成为故事的主角。掌握着高天原统治权的是天照大神,在《日本书纪》中,天照大神被称作"天下的主宰者"。而素盏鸣尊则粗俗不堪,不断以恶作剧的形式折磨姐姐天照大神。最终使得天照大神隐身于"天之石屋户"的洞穴中,整个世界陷入了黑暗。众神想方设法引诱她出来,在树上悬挂一面镜子和一条珠宝项链,一位女神天宇受卖命全裸跳舞,引得众神大声喧笑,成功将天照大神引出了洞穴。众神冲上去抓住她,并用石头塞住洞口。有人认为这个故事神化了冬至祭礼。

此后素盏鸣尊被逐出了高天原。他在出云国经历了种种奇遇,其中一件事是打败了一只有八条尾巴的巨兽,并在巨兽尾巴上找到一把剑。后来他把剑呈给姐姐天照大神作为悔改的象征。剑、镜子和珠宝成为以后日本皇位的象征。素盏鸣尊的子孙中有一个神叫作大国主神,他继承了素盏鸣尊豪放、果敢的性格,因为平定荒地有功,成了英雄。由此我们可以看出他被赋予了地上统治者的使命。大国主神答应了天照大神的要求,让她的后代统治地上,因此天照大神的曾曾孙成为日本第一位天皇,即"神武天皇"。这就是"天孙降临"的传说。

在天地的秩序形成之后,还有一段天照大神的子孙海幸彦和山幸彦争斗的故事,显示了天皇的统治范围包括了从狩猎到捕鱼的世界,这就是《古事记》上卷的部分内容。在《日本书纪》中,这段内容包含在神代的范围之内。

因此,我们可以看到记纪神话基本上可分为四个阶段:天地开辟第一代诸神出现的时期;伊邪那岐和伊邪那美产生日本土地和诸神的时期;高天原和地上的秩序由天照大神和素盏鸣尊共同完成的时期;天孙降临之后的过渡时期。我们可以看出这样一个明显的意图:天皇统治的正统性由此形成。

《古事记》与《日本书纪》虽然常常合称为"记纪"而被放在一起讨论,但二者的叙述有诸多不同之处。《日本书纪》的卷一、卷二为"神代卷",在本文内容叙述之后还冠以"一书曰……"的形式来列举其他不同说法,因此我们知道并不存在一个统一的神话传说。《日本书纪》开头说道:"古天地未剖,阴阳未分之时,混沌如鸡子,溟涬含牙。"这些句子是从我国《淮南子》中截取出来的。这与《古事记》中高天原成为神话传说的前提截然不同。而高天原要成为神的世界的舞台，则要等到本居宣长的出现了。

这两本史书作为史实记录显然不能让人信服，但可以作为理解古代日本的珍贵参考史料。有学者认为，它们描绘了作为天照大神家系代表的皇室与以出云为据点、由素盏鸣尊家系代表的敌对家族之间的冲突。1984年，大量青铜剑在出云被发现，总共 358 把，比其他地方发现的青铜剑总数还多，这暗示了在这个地区发生过权力争斗的事件。另一方面，神话中还出现了许多非常残忍的行为。在世界其他地域的神话中也有类似这样的残忍行为，但记纪神话的独特之处就在于它避免做出善恶判断，不依据任何明确的普遍性的道德原则，显示出神祇和他们在世俗世界的后代在道德水平上没有区别，一切行为都要依据实际情况来判断。这也显示出十分特殊的文化风貌。

24 "神佛习合"与"本地垂迹"

在佛教传入之前,神道是日本的本土信仰。最早将《古事记》译为英文的日本学者阿斯顿(William George Aston,1841—1911)十分佩服本居宣长的《古事记传》并成为其弟子,在他的努力下"神道"被西方世界视为日本固有的精神文化。但是,如果以记纪神话为出发点来思考佛教传入日本之前的信仰的话,则是不恰当的。因为日本的众神从出现的时候起就通过不断地与佛教思想融合来建立自我形象。可以说,这是日本神道教在思想上的一个重要特征。

在日本的神道教乃至佛教中佛与神的关系十分紧密,甚至呈现出合而为一的状态,这种现象被称为"神佛习合"。根据研究发现,神佛之间的"习合"关系事实上呈现出各种各样的形态。

第一种形态是神处于迷茫之中,被佛所拯救。这种形态最初源于将日本的神置于佛教的"天"之中。天是印度诸神的世界,它在六道之中,不断轮回。早期的例子记载于《藤原家传》:藤原武智麻吕受到神讬,在越前比古神宫修建了神宫寺。因为神出现在武智麻吕的梦里并告诉他:"请为我造一座寺院,以了却我的心愿。我由于宿业长期成为神,现在要皈依佛道,修行福业。但并没有因缘,我就是来告诉你这一点的。"由此可知,以佛教的力量拯救在轮回世界里痛苦不堪的神的思维是日本出现神宫寺的思想根源。

第二种形态被称为护法神,即神对佛教加以保护。传说在修建东大寺的时候,九州的神灵宇佐八幡为援助这个工程而来到都城。八幡是和佛教关系十分紧密的一位神,常被描绘成僧人的模样。另一个著名的例子是稻荷神。他本来是与食物和农业有关的神,后来他出现在空海的面前,向空海表示他要守护东寺。这种方式显然是受到印度佛教中给神定位的启发。印度佛教中的帝释天和吠陀就是代表性的例子。

第三种形态出现于平安时代初期的御灵信仰中,就是在佛教影响下出现了新的神。当时认为因政治事件而被迫害致死的人的亡灵会带来各种各样的灾害,为了平息这个灵魂的怨气,人们将他当作神加以祭祀。这种情况典型的例子就是祭祀菅原道真的灵魂而出现的天满天神信仰。菅原道真是平安时期的文人和政治家,因受到迫害而被左迁到大宰府后郁郁而终。随后社会发生瘟疫,旱灾频发,朝廷受到雷击。人们认为这是菅原道真的御灵所致,因此开始祭祀他的灵魂。此外,佛教传入日本后,还产生了其他许多新神。给人们带来厄运的阴阳道的"牛头天王"就是其中一例。

第四种形态被称为"本地垂迹"。日本人认为,佛是本来的真身,即"本地";神是佛假借的形象,即"垂迹"。在平安时代末期,每个具体的神的本地被规定下来。例如,日吉的本地是释迦牟尼,伊势的本地是大日如来,等等。

本地垂迹信仰发展中最典型的例子就是山王神道。山王信仰以比睿山的日吉大社为中心发展起来。在平安时代中期形成山王七社的信仰,并于平安末期分别配上一尊本地佛,从而形成一个体系。山王信仰被记载于《耀天记》等书中。这些书中认为日本是末法劣等的边土,因此,救济日本众生的时候必须以神的形式垂迹。

神佛习合体系中的神道教还有一个与山王神道并列的派别,即两部神道。这是源于将伊势神宫的两宫——"内宫"和"外宫"分别比喻成两部,即佛教的两界——胎藏界和金刚界。伊势神宫祭祀天照大神。两部神道重要之处就在于确定了天照大神的本地是密教的大日如来,从而产生了以伊势为起源的日本中心主义思想。因为大日如来是所有佛的根源,将大日与天照大神视为一体,则赋予了天照大神至高的本初性。

但是,和本来就与佛教紧紧结合在一起的山王神道不同,以伊势神宫为中心的信仰渐渐为了追求神佛分离的特点而走上了独自发展的道路,被人们称为"伊势神道"。在1296年(永仁四年)出现的一场"皇字争论"中,外宫①一方拿出了包含五部书籍的一系列证据以证明自身的地位,这些著作后来被称为"神道五部书",成为伊势神道的基本文献。这些书被传著于奈良时代,但基本上是假托之作。不过重要的是,神道五部书中神佛分离的一面受到重视。一方面,伊势神道中出现了试图寻求原始神的倾向;另一方

---

① 伊势神宫的正宫分为外宫和内宫。

面,伊势神道强调祭神时的内心世界的清净、正直。因此可以看出,神道理论开始将心灵与世界根源结合起来。

在室町时代,吉田兼俱创立了集大成的唯一神道,使得神道各派思想得以统合。吉田将自己的神道学说写入《唯一神道名法要集》一书中。他将神道分为本迹缘起神道、两部习合神道和元本宗源神道三部分,而自己则是属于探究根源的元本宗源神道。他明确批判了神佛习合,认为神道本身就是一个自立的理论。他说:"我日本生种子,震旦现枝叶,天竺结花果。"这种极端地表达了神道优于佛教、儒教的思想,在此后很长的一段时间里为人们所宣扬。

唯一神道的发展还有一个十分重要的结果。它探究原始神,试图发现诸神的秩序,这种探究根源的一元化思想在一定程度上使得信仰唯一神的基督教能够在近世时较快地在日本传播。从思想根源上说,江户时期出现的将朱子学与神道思想相融合而成的"垂加神道"继承了唯一神道的基本内涵,将神道作为幕府末期"尊皇攘夷"意识形态的基础而发挥了重要作用的后期"水户学",其早期的根源亦来源于此。

25 南都六宗、鉴真和留学僧

佛教于7世纪至8世纪被积极地引进日本。它不是仅仅作为一种宗教，而是涵盖了几乎所有领域的文化，从科学技术到音乐绘画，以及建筑、工艺等，都受到其影响。这种佛教文化在8世纪中叶圣武天皇时代达到了顶峰。圣武天皇声称自己是"三宝之奴"，颁布诏书在全国修国分寺、国分尼寺，以及建造东大寺卢舍那佛等，颇有中国南北朝时期的梁武帝的作风。同时南都六宗对佛教开始了真正意义上的研究。

南都六宗是奈良时代形成的六个有代表性的佛教学派，包括法相宗、俱舍宗、三论宗、成实宗、华严宗和律宗。南都六宗有两个特点：第一，六宗全部移植自中国，带有强烈的中国特色。第二，奈良时代的六宗属于学派，而非宗派。进入平安时代以后，日本才逐渐形成了真正意义上的宗派。研究的前提是必须引经据典，在这方面，以鉴真为代表的唐朝僧人及留学僧们功不可没。

六宗虽然都源自中国，但与中国的情况略有不同。日本对同期唐朝的学派或宗派有所取舍。例如，日本有成实宗和俱舍宗，中国有成实师和俱舍师，二者大体相同，分别指研习《成实论》和《俱舍论》的学僧。只不过日本的成实宗和俱舍宗长期受到国家的认可和扶植，形成了相对稳固的学派团体。而在中国较早形成实体性宗派的天台宗，由于在唐初衰落而未能在奈良时代传入日本，直到平安时代才由最澄引进。

南都六宗当中，鉴真所创的律宗在当时受到重视有其特殊的历史背景。一方面，因为圣武天皇一心希望建立一个能与大唐相媲美的帝国，为此他需要能与其帝国相匹配的世界认可的佛教。当时的日本戒师不足，尚未举行"三师七证"的正式受戒仪式，不符合国际通行的认定标准，因而有必要延请"律师"[1]

---

[1] 佛教经典以"经""律""论"三种形式流传于世。研究"经"者被称为"经师"，研究"律"者被称为"律师"，研究"论"者被称为"论师"。三者兼通者被称为"三藏"。

来日传戒。另一方面,以长屋王、舍人亲王为首的皇族政治家试图依照律令制度加强对佛教的管理。据真人元开(淡海三船)《唐大和上东征传》记载,鉴真在渡日前曾经听说长屋王制千领袈裟赠中国衲子,并题偈颂"山川异域,风月同天,寄诸佛子,共结来缘",为此非常感动,以日本为有缘之国。

  鉴真前往日本前在扬州大明寺,他是江南著名的律师。鉴真不顾弟子们的反对,毅然决意东渡。其间历经10年,因朝廷的阻挠、海盗和风暴,先后五次失败,鉴真本人也不幸失明。但他凭着弘扬佛法的大慈悲胸怀,毫不退却,终于在天平胜宝五年(753)乘遣唐使的船只抵达日本。这是世界佛教史上的重要事件。第二年,鉴真抵达奈良,受到日本朝野的热烈欢迎,孝谦天皇敕命他住在刚刚建好的东大寺,并在那里建戒坛传戒。选择东大寺建立戒坛一方面因为它是国分总寺,是当时最高级别的官方大寺,另一方面还因为该寺与戒律有渊源。天平胜宝六年(754),戒坛在东大寺大佛殿前建造完毕,以圣武太上天皇、光明皇太后、孝谦天皇、皇太子为首,440多人从鉴真受戒。天平宝字二年(758),天皇别敕①给鉴真"加大和上之号,诏天下僧尼,皆归大和上习学戒法也"(《戒律传来记》)。鉴真不但精通律学,他还擅长天台。他带去了很多天台典籍,他的弟子法进因曾多次讲授天台三大部,后来被最澄纳入了日本天台宗的体系。可以说,鉴真为天台宗传入日本打下了基础。鉴真还精通医学、建筑等,因为他治愈了光明皇太后的病,被任命为大僧正。他与弟子按照唐代样式设计建造了唐招提寺作为律宗的大本山。该寺完好保存至今,成为中日文化交流的象征。鉴真的重要弟子都随同他东渡去了日本,著名的有法进、如宝、昙静、思托、义静、法载等人。其中,法进继鉴真之后主持唐招提寺,被封为大僧都。思托文笔出众,被委托撰写鉴真的传记。该传记在宝龟十年(779)经真人元开修订后命名为《唐大和上东征传》,成为研究鉴真的重要资料。

  奈良时代的佛教成了中国文化输入日本的桥梁。中国文化通过鉴真、道璿等中国高僧及日本留学僧的介绍接连不断地传入了日本。奈良时代回到日本的留学僧有智藏、智通、智达、道慈、道昭、玄昉等人,他们不仅把佛教带回了日本,还输入了中国的典籍、制度和文化。

---

① 天皇颁布的不在律令规定范围内的诏令被称为"别敕"。

玄昉于养老元年(717)随同第九批遣唐使多治比县守入唐,同行的还有吉备真备和阿倍仲麻吕。天平六年(734),玄昉携佛像和经卷5 000余卷返回了日本。他不但重视经典的收集,还重视保存和传播,他在奈良朝的写经事业中发挥了重要的领导作用。与玄昉同行的吉备真备和阿倍仲麻吕也都是一时俊杰。《续日本纪》称赞他们"研钻经史,该涉众艺,我朝学生,名播唐国者,唯大臣(吉备真备)朝衡(阿倍仲麻吕)"。朝衡在唐时间最久,且出仕于唐,交好于王维等诗人,广为人所熟知。《旧唐书·日本国传》说他"好书籍"。同时还记载日本使者将"所得锡赉,尽市文籍,泛海而还",即将朝贡所获赏赐和贸易所得尽数购买图书携回日本,主持此事的正是吉备真备。

另据10世纪藤原佐世编纂的《日本国见在书目录》记载,当时日本保存的汉籍多达17 000余卷,而同期的中国汉籍为60 000余卷,可见日本收集力度之大,举世罕见。而遣唐使和留学僧在其中发挥了不可忽视的重要作用。

26 日本禅的形成

在镰仓时代,随着武士阶级的兴起,佛教也出现了适应时代潮流的新动向。禅宗就是这一时期最具代表性的新佛教。禅宗是镰仓幕府重点扶植的宗派,禅与武士文化有密切的关系。与桓武天皇迁都平安京后扶植天台宗、真言宗一样,镰仓幕府扶植禅宗带有很强的政治目的:一是树立代表武家政权的新宗派,并建立以之为中心的新佛教体制;二是彰显幕府在文教方面的成绩,塑造崭新的武家文化。现今大量保存于镰仓、京都等地的禅院,以及禅宗在当今日本佛教中所占据的重要地位,很容易使人们认为禅宗自其传入起就占据了统治地位。事实上,禅宗在日本的发展经历了一个漫长的过程。禅与日本佛教的渊源由来已久,早在奈良时代就已有众多修禅人物。禅宗的两大派别临济宗和曹洞宗虽然在镰仓时代初期就已先后传入日本,且在上层统治者中形成了一定的影响力,但禅宗作为宗派在日本获得全面发展要迟至室町时代中期。随着日本佛教本土化的发展,其后的纯粹禅也呈现出了与中国禅宗不同的风貌。

通常认为是荣西最先将禅宗传入日本的,这一看法正日益受到质疑。不过荣西更多的是一位台密大师,其禅法也是密教色彩浓厚的兼修禅,注重融合真言、天台与禅。而专弘禅宗的纯粹禅是从宋代僧人兰溪道隆开始的。

南宋末年,外族入侵,生灵涂炭,一些高僧在日方力邀下,相继东渡,其中最先在朝野取得巨大反响的是兰溪道隆。他出生于西蜀,在中国时结识了慕名前来拜访的日本泉涌寺僧月翁智镜,并受其邀请赴日。宽元四年(1246)道隆在九州博多登陆。第二年,道隆进入京都,不久后和当时刚刚任执权的北条时赖会面。这次交谈让时赖决心支持道隆在日本弘扬禅宗。建长元年(1249),时赖发愿要建造一所与宋朝名刹比肩的大寺院,并亲自为寺院工程奠基。三年后兰溪道隆被任命为该寺的开山住持。建长五年(1253)该寺完成建造,禅寺的正式名称是"大建长兴国禅寺"。这是日本历史上第一座纯粹的敕建禅宗寺院,在日本禅宗发展史上具有重要意义。道隆在日活动33年,门下人才济济。其弟子们形成的僧团被称为"大觉派",在镰仓时代以建长寺为中心,发展到关东、东北等地。室町幕府成立后,室町时代中期开始一枝独秀的大德寺、妙心寺两派的始祖南浦绍明原本也是道隆的弟子。因此,可以说道隆对日本禅宗的发展产生了深远的影响。

到了室町时期,禅宗在文化上显示出巨大的影响力。其时发展已十分成熟的禅学思想影响到文学、建筑、茶道、能乐等各个方面,并逐渐被视为日本文化的底层特征。临济宗是这个时期最重要的禅宗派别,因与幕府相结合而处于国教的地位,出现了所谓"五山"和"林下"之别,并一直延续到现在。"五山"是幕府和朝廷支持的体制派,以京都和镰仓的"五山"为中心,主要在上层武士和公家扩大影响;而"林下"则与幕府的关系时远时近,主要在民间获得了发展,以中下层武士、商人、市民为传教对象。

为临济宗打下基础的梦窗疏石是伊势国人,初学天台、真言,其后追随一山一宁、高峰显日习禅。他抛弃名利,专心修行,学成后一度归隐,在他51岁时受后醍醐天皇的敕命前往京都的禅林弘法,进入南禅寺,后来还接受了足利尊氏和足利直义兄弟的皈依。

延元四年(1339)天皇驾崩,疏石劝足利尊氏建造天龙寺为天皇祈祷冥福,使得足利尊氏为了筹措建寺的费用向元朝派遣了商贸船,史上称为"天龙寺船"。在南北朝动乱时期,他提出"怨亲平等"的理念,否定敌我之间的差别,向足利尊氏和足利直义建议,在66国分别修建安国寺和利生塔,为此前的战死者招魂。由此梦窗疏石活跃于各个领域,不仅积极参与政治,而且在寺院庭园的建造方面也发挥了特殊的才能。疏石本人始终坚持以禅为本,从不妥协,他不仅活跃于各个领域,还因人而异对弟子进行指导。其门下有高足50多人,其中无极志玄、春屋妙葩、义堂周信、绝海中津等人都成长为名僧,梦窗派成为当时禅林势力最大的派别。

由梦窗弟子开创的五山禅宗在这一时期中央的势力十分强大。五山是接受来自中国新文化的中心。人们不仅在五山学习佛教,还学习刚刚传入的朱子学。需要高度文化修养的汉诗创作等汉文学之花绽放,涉及出版、建筑、造型美术等方面,五山文化进入了全盛时期。五山的禅僧充分发挥自身的修养,积极在幕府的外交方面发挥顾问式的作用。依托于五山文化,足利义满时的北山文化、足利义政时的东山文化也发展起来了。同时,茶道等新文化形态也呈现出生机勃勃的景象。

由此发展起来的五山文化以京都为中心达到了鼎盛,这也使得禅僧们疏于修行而受到批判。真正的禅修反而在五山之外的禅寺——这被称作"林下"。其中的大应派一系通过严格的修行确立了纯粹的禅,并创建了后来临济宗的框架。

另外,与五山禅相对的林下禅之所以得到快速发展,是因为它被融入了葬礼、祈祷等仪式之中,尤其是曹洞宗自莹山绍瑾之后大力汲取了仪式性因素。后来佛教葬礼的原型就是出自室町时代的禅宗。以地方大名为首的支持势力不断壮大,人们需要更加完整的葬礼形式,但过去的显密佛教仪式过于复杂,没有适用于在家修行者的葬礼仪式,因此符合在家修行者的、具有简单而完整仪式的曹洞宗就得到了快速发展。

到江户幕府时期,中日两国的禅宗已经出现了很大差异。中国自南宋以后诸宗融合的势头显著,各宗的特点已不再鲜明,完全成为禅净同修的天下,而日本的临济宗依然保持自古的风格不变。因此,无论禅风、日常修持坐卧、服饰,还是寺院建筑器物,中日两国的禅宗都有了很大差异,看上去已经完全不像一个派别了。

27 禅宗与日本文化

中外学者几乎一致认为：禅宗对于日本人的道德、修养及精神生活影响极大，在日本人的性格塑造方面发挥了极其重要的作用。佛教其他各派对日本文化的影响一般都局限在日本人的宗教生活方面，唯独禅宗对日本文化的各个方面都有极深的影响。

禅宗之所以在日本各种艺术形态中都有所表现，其原因首先应该是来自禅宗思想本身。禅作为一种中国式的佛教形态，在初唐即公元8世纪时就已非常发达了。禅的教义同大乘佛教相差无几，宣教场所也和一般佛教毫无二致。但有一点不同，佛教在由印度向中亚、中国发展的过程中，由于礼仪、教典、民族心理等因素的影响，被众多佛教大师及教派逐渐附加上了种种观念。而禅的目的，则要除去这一切表相，直接去领悟佛陀自身的根本精神。因此，禅所试图获得的是一种完全依赖于个体体验的、来自直觉的知识。它能深入一切存在的根基，更能把我们从迷惘中唤醒。其实，与创造相关的任何事物都是"只可意会，不可言传"的，这一点正如禅的格言"不立文字"。因此，禅宗唤起了日本人的艺术冲动，并因其独特的思想而赋予了艺术作品日本式的风格。

从历史上看，在镰仓和室町时代，禅院已成为学问与艺术的宝库，那里的禅僧们始终有机会同中国文化进行接触，一般民众，尤其是贵族，更是对他们大加推崇。这些禅僧本身就是艺术家、学者或思想家。他们将外国的艺术品和工艺品带到日本，而日本的贵族阶层和统治阶层则作为禅院的后援。这样禅不仅直接作用于日本的宗教生活，还广泛影响到了其他文化领域。

作为幕府所在地的镰仓成为修行禅的大本营。来自中国的众多禅僧都在此定居，并得到了北条时赖、北条时宗及其后继者和家臣们的保护。中国的禅师及美术家带来了许多美术品，从中国回去的日本禅僧也带回了不少美术及文学作品。像牧溪、梁楷、马远等画家的作品就是这样传到日本的。中国著名禅僧的一些书法也在日本广为收藏。蕴含于禅画和书法之中的精神深深地打动了日本人，他们很快就以中国的这些绘画、书法为范本而潜心钻研起来。在这过程中，关东武士刚毅果敢的特点渐渐表现出来，艺术中一反前代那种女性的、温雅优美的风气，透露出某种男性的、不屈的东西。在雕刻、书法中的男性气质同京都朝臣的温文尔雅形成了强烈的对照。因此，流传至今的日本传统文化在本质上就是13世纪至15世纪出现的禅宗思想和武士阶层相融合的产物。

日本艺术的特征在绘画上的一个显著表现就是被称为"减笔体"的传统画法。这是学习发端于南宋画家马远的所谓"一角式"构图，即在绢本或纸本上用较少的描线或笔触去描绘物象。这种风格恰好和禅的精神完全吻合。画面极其简练但又恰如其分，画中的意境也许有些感伤，但它促使人们去审视内心。而日本艺术的另一个显著特色"非对称性"在建筑上体现得尤为明显。佛寺建筑的设计就是这种非对称性的典型代表。尽管山门、法堂、佛殿等主要建筑物一般按对称的格局建造，但大多数次要的建筑物甚至某些主要建筑物在主线两侧呈非对称性排列。茶室的结构也是如此。茶室顶棚至少由三种以上的样式构成，茶具的用法、院中踏石的铺法、拖鞋板的摆法等，无不呈现出非对称性的特征。

之所以会有这样的形态，是因为在日本艺术家们看来，个别的具体物象本身就是完美的整体，这正是受到禅宗中"一即多，多即一"观念的影响而形成的。禅宗认为世界的本源即"佛心"，它由世界上各个相对的具体存在而体现出来。因此，世上所有的事物，如柳绿花红、松曲竹直，甚至是一根小草、一片枯叶，只要能够以一种特有的直觉去感受它，就能显现出其和佛性相通的精神。这就使得在日本绘画中，画家们常采用一种同中国"一角式"构图类似的"减笔体"画法，在画纸或绢本上尽量用较少的线条和墨块，用最简练、浑朴的笔法去描绘物象，而不像西方油画将物象充满整个画面。同中国水墨画相似，日本画家在画面上有时会留下大片的余白，只画上简单的几笔。因为他们认为这简单的几笔已足以表达出他们对这世界的观照和对生命的感悟。和西方绘画、雕刻、建筑那种优美、宏伟的对称性相比，日本的艺术显得有些朴素、简陋，甚至残缺不全，但日本的艺术家由于坚信这种风格最能表达自我而十分陶醉于其中。

　　禅在日本从一开始就同武士阶层密切地联系在一起。禅对武士们在精神上有着巨大的支持作用。这种支持一方面是要让武士们一旦做出决定之后就勇往直前，决不后退；另一方面使武士们明晓生死并无差别。这种决不后退的精神自然是来自哲学上的确信，不过和哲学相比，禅认为直觉才是到达真理彼岸的捷径，因此在精神上也许更能激励武士们。此外，禅的修行单纯、决断、自恃、克己，这种戒律式的倾向同武士的精神追求是完全一致的。禅的目的是让人从生死羁绊中解脱出来，而要达到这一目的就必须借助某种直觉的方式。因此，禅具有自由应用、极其灵活的特质。有言道："天台宫家，真言公卿，禅武家，净土平民。"这正是日本佛教各派特点的最好表达。天台、真言礼仪繁杂、精细而奢华，正符合上流阶层的高雅品位。净土宗信仰和教义都极为简单，自然合乎平民的要求。而禅宗为了实现其达到终极信仰的目的，除采取最为直接的方式外，还要求具有一种实现这种目标的超常意志力。这对于武士们来说确是至关重要的。

28 利休的茶

茶道又称为"茶汤",是基于被称为"茶礼"的一定的规则进行的品茶活动。禅与茶道有着非常深刻的联系,主要体现于对事物纯化的态度上。这种纯化,在禅那里靠对终极实在的把握来完成,在茶道那里则靠以茶室内的吃茶为代表的生活艺术而实现。

在室町幕府时期出现了现代茶道的原型,渐渐演变至今天的形式。茶在镰仓时代以前就为日本人所知,不过促使茶更广泛传播的,却是荣西禅师。他于1168年和1191年两次从中国(宋)带回茶种,又把它种在禅寺高台寺的院内。在他精心培育下得到的优良茶种,开始在京都周边栽培,其中"宇治茶"十分著名。据说这位禅师还写了一本关于自己种茶的书《吃茶养生记》,并把这书连同茶一起献给了当时多病的将军源实朝。道元以中国禅寺的清规为基础撰写了《永平清规》一书,书中提到了上茶的礼仪和做法,称其为"茶礼"。

茶汤使用粉末状的抹茶,这是因为茶叶是以呈块状的"团茶"的形态传入日本的。在当时,茶汤和中药一样极为珍贵,只有贵族、僧侣和知识分子阶层养成了饮茶的习惯。从镰仓后期到南北朝,在武家间十分盛行"斗茶"活动。这是通过品尝各地名茶来推断茶叶产地的一种集体娱乐活动。同时饮茶习俗也和禅宗发生了密切的关联。僧侣们将品茶礼仪视为一种修行的方式,并且不断举办茶会,使得茶道渐渐在民众中普及开来。

如果说荣西是日本种茶的鼻祖,那么将吃茶的仪式带到日本的是比荣西晚半个世纪的"大应国师"南浦绍明。他在1267年从中国径山寺带回了"台子",这是一种高级茶礼时使用的放置茶具的棚架。大应之后,又有数名禅僧成为茶道的师匠。其中最有名的就是大德寺的一休宗纯。一休和尚又把吃茶的仪式传给弟子村田珠光。珠光是位天才艺术家,他极大地发展了吃茶的礼仪,并成功地将日本人的情趣融于其中,是"寂茶"的创始者。他还把这种茶道教给当时作为艺术庇护者的第八代将军足利义政。1472年,义政将将军一职让位给儿子,隐居东山。在其居所东求堂修建的茶室"同仁斋"是日本最早的书院茶汤式茶室。在面积仅为四张半榻榻米的简朴茶室里,禁绝物欲的茶礼和鉴赏从中国传来的艺术品融为一体,成为书院茶汤的主要形式。

战国时代堺市的豪商武野绍鸥将"寂茶"的思想加以完善并发扬光大。绍鸥宣扬"茶禅一味",认为茶和禅不可分离,从此茶师参禅成为习惯。之后试图一统天下的织田信长和丰臣秀吉重用堺市豪商今井总久、津田宗及、千利休等人,任命他们为"茶头"。他们三人合称"天下三宗匠"。

特别是千利休将珠光的茶道进一步加以改造,终于形成了今日日本的茶道。他将茶室面积的标准由原来的四张榻榻米进一步缩小到两张榻榻米,甚至仅一张有余的地步,并设置狭小的入口"蹰口",以切断与外界的联系来保持精神的集中。利休茶否定了当时以"名物"为美的奢华的价值观,宣扬禁欲主义。他爱用的"黑乐茶碗"十分简朴无华,体现了利休的审美意趣。他还常用日常生活中的木制水桶、竹制茶勺、竹花瓶等,均为极度平实之物。茶道最重要的精神追求就是"闲寂",在梵文中是静寂、和平、安稳之意,不过在日文中更接近于"真朴"和"孤独"。利休曾写诗一首表达自己从茶室内静静向外远眺的心境:

> 松针纷纷落,
> 絮得一院秋。
> 浑然尘不染,
> 吾心亦悠悠。

这里体现的是一种真正而纯粹的寂静,不受任何感情的约束,只有一种绝对的孤独在心里慢慢体味。

利休19岁丧父,少年时期家境贫困。17岁时他跟随北向道陈学茶,1544年主办了生平第一次茶会。后成为堺市实权人物三好氏的御用商人。1569年以后为织田信长所用,在"本能寺之变"(1582)后成为丰臣秀吉的御用茶师。不过1591年因惹怒丰臣秀吉而被幽禁,尽管弟子们竭力营救,但均告失败,最终被逼自刃而死。

以千利休为始祖的千家茶道发展到第三代的千宗旦时迎来了一次复兴。宗旦自身以利休卷入政治斗争而招来横祸为戒，一生安于清贫，不去做官，专修禅道。他认为闲寂才是茶道的精髓，因此过着真正闲寂的生活。不过，其三个孩子分别成为纪州德川家、加贺前田家和赞岐松平家的茶头。三子宗左继承了族长之位，成为"不审庵"表千家；四子宗室继承了宗旦隐居之所，成为"今日庵"里千家；次子宗守成为"官休庵"武者小路千家。三支合称为"三千家"，以区别于已经断绝的千家本家"堺千家"。在18世纪中期，以表千家第七代如心斋天然为中心发明了"七事式"，即融入了游戏的方式来学习茶道的基本规则。

到此为止，茶道从当初在禅院里流行的品茶法中独立出来，成为一种在大众中广为流行的生活方式。在18世纪初，"茶道"的说法开始流行。

29 中日绘画交流的高峰
——雪舟的中国行

画僧雪舟(1420—1506)本名等杨,是日本家喻户晓的"画圣"。可以说,雪舟的出现改变了整个日本山水画的风貌,使日本的水墨画从技法到艺术水准都提升了一大步。他不仅是日本水墨山水画的完成者,更是在水墨苍劲、减笔泼墨的表现基础上,继承并发展了日本民族绘画的优秀传统,将日本人的思想感情融于作品之中,体现出独特的民族风格。

日本绘画自镰仓时代晚期以来,佛画渐渐陷入了形式主义的怪圈,无法推陈出新,而"大和绘"(主要是绘卷物)又仅仅强调说明性或记录性,已经不能满足新时代的需要。此时兴起的是淋漓苍劲的水墨画,特别是水墨山水画。元僧一山一宁等人出使日本,并且在默庵灵渊、铁舟德济、梦窗疏石等日本禅僧的推动下,水墨画获得了广泛的喜爱和推崇。明兆、如拙、周文诸位名僧也为日本水墨画的发展做出了巨大的贡献。特别是如拙和周文两位杰出的画家,对雪舟艺术的形成具有极其重要的影响。

雪舟出身于备中国赤浜(现冈山县总社市)的武士家庭,活跃于武家政权和贵族矛盾斗争剧烈的室町时代。在室町时代,禅僧是社会中学问和艺术领域的主宰,因此志在绘画的雪舟幼年便入宝福寺为僧,初号"拙宗"。雪舟10岁时来到京都相国寺,师从著名禅僧春林周藤修禅,又向水墨画大家周文学习绘画。1454年前往周防国,在守护大名大内义兴庇护下于画室云谷庵作画。据说此时得到元代晚期天宁寺宁波象山籍高僧梵琦所书"雪舟"二字,又在龙岗真圭建议下将"拙宗"改号为"雪舟"。汉诗中有"孤舟钓雪""溪雪乘舟"的禅意,更含有"雪净无尘,舟动不止"的禅学意境。对于雪舟而言,作画即对禅的实践和修行。

在明朝,中日文化交流受到了官方的严格限制。明朝实行的海禁政策,使得官方的交流以"勘合贸易"①为主。此外,两国间的绘画交流及各种绘画作品的传播,都归功于当时两国僧侣之间的互通。两国的这种交流在绘画上达到了一个高峰。日本的遣明僧侣首先是在明朝初期入明的僧人。他们巡游佛教圣地,游览中国山川。其次是在永乐二年(1404)实行勘合贸易后以官方遣明使团的形式进入明朝的僧人。当时,日本五山僧侣的汉学修养都极高,官方往往选择他们作为遣明使团的成员。在雪舟访明之前,早期的日本画家靠模仿传入日本的宋元画作学画,即通过所谓的"笔样"来学习。这种方式的绘画充满禅宗的氛围和水墨的淋漓感,但并非是对山水风光的真实描绘。

雪舟40岁时即已成名,但早期绘画成就并不突出,以"拙宗"为名的真迹现存世十余幅,多以佛画和人物画为主。渡明后的作品则完全转向风景画。

1467年,雪舟跟随遣明船队来到中国,在中国巡游了约两年的时间,开始正式研习水墨画。精通日语的宁波文士徐琏为陪贡,担任雪舟的向导和翻译,雪舟得以与文人雅士结交。雪舟先北上来到北京,沿途饱览中国的壮丽山河。中国的自然风光对雪舟影响巨大。他认为"风景是最大的老师"。中国的大自然对雪舟山水画风格的转变有着不可忽视的重要影响,这也成为雪舟艺术生涯中发生转折的一个契机。雪舟来到明朝时正值天顺之后,是明代宫廷绘画的鼎盛时期。从时间上看,雪舟在明画院相遇的是彼时在画院供职的画家。雪舟到北京后先学夏圭的院体画,向当时中国宫廷画家李在和张有声学习中国水墨画的着色、泼墨、晕染等技法。当时颇有名望的几位画家如谢环、戴进等已去世,年纪与之相仿的姚云东、沈石田也无缘相见,雪舟在送给弟子的《破墨山水图》中写道,明朝画坛不足以观学,由此也可窥见他对这段经历的心境。不过,雪舟进京后在画院接触到各大名家的真迹确是事实,而且他还对宋元时代的画家如夏圭、李唐等的作品努力效仿,留下了《仿夏圭山水图》《仿李唐牧牛图》等作品。

雪舟于1468年春从北方回到南方,进入宁波天童山景德禅寺。这个时

---

① 明朝与日本(室町幕府)间进行的官方商贸活动。因为需要使用被称为"勘合符"的通行证,又被称为"勘合贸易"。

期他临习中国古画,如饥似渴地学习画技,并得到"四明天童第一座"的称号,在以后的作品中屡屡以此署名。雪舟来访中国是其艺术生涯的一个重大转折,在中国停留的短暂时间里,他以极大的虔诚汲取中国绘画各种风格的技巧,并融会于日本的传统画风中。这其中,以雪舟为桥梁使得明代浙派的绘画风格对日本绘画产生了巨大影响。

当雪舟来到中国的时候,中国绘画已经基本上突破了南宋末期所形成的某些固定的形式和风格,开始了一个新的变化,即在水墨苍劲、减笔泼墨的传统基础之上,经由"元四家"的发展而朝着水墨写意山水的方向迈进。1495 年(明弘治八年,日本明应四年)雪舟 76 岁时,在给弟子如水宗渊的《破墨山水图》上题过这样几句话:"余曾入大宋国,北涉大江,经齐鲁郊,至于洛求画师,虽然,挥染清拔之者,稀也。于兹长有声并李在二人得时名,相随传设色之旨,兼破墨之法矣。数年而归本邦也……"从这段极其重要的题语中,雪舟对中国之行,由于当时"挥染清拔"的画家很少,似乎还感到一定程度的遗憾。可是他说,"盖泰华衡恒之为山,江河淮济之为水,草木鸟兽之异,人物风化之殊,是大唐国之有画也;而其泼墨之法,运笔之术,得之心而应之手,在我不在人,是大唐国之无师也",由此则可看出雪舟当时的心境。

雪舟在 1469 年(明成化五年,日本文明元年)返国以后,曾经定居在禅宗中心地之一的丰后国,并筑室名"天开图画楼"。后来迁居周防的山口。山口是室町幕府时期一个新兴的城市,他在那儿重新建筑了画室,仍名"天开图画楼"。1506 年(明正德元年,日本永正三年)8 月,日本划时代的画家雪舟以 87 岁的高龄逝世于石见的大喜庵。

一代水墨画宗师雪舟虽然离世,但他返回日本后用将近四十年的艺术创作,奠定了日本山水画的根基,并促成了日本山水画的蓬勃发展。

30 日本风格的绘画

——大和绘

"大和绘"是日本传统的绘画样式之一,用于区别中国风格的绘画"唐绘"。《源氏物语绘卷》就是其典型的代表。但在不同的历史时期,大和绘所指的具体画种并不一致,可以说大和绘从出现到确立的过程就是日本美术脱离大陆影响、寻求自身特质和审美理念的过程。

从6世纪佛教传入日本至8世纪末,日本美术与中国南北朝末期至隋唐各个时期的美术都关系密切。可以说,此时的日本被完全容纳在以中国为中心的东亚美术共同体内。然而到了9世纪,情况发生了很大变化。贞观时期的佛像既异于过去的日本佛像,也不像同时代的中国佛像,散发着不可思议的个性。10世纪后,在假名文字、和歌等所谓"国风文化"的潮流中,美术也出现了"和风"化的动向。10世纪以降,日本美术史上产生的"和风"是伴随着中日间环境的变化而出现的。这里说的"和风"特指以京都为中心的贵族生活环境及审美意识。这种"和风"奠定了以后日本美术走向的基调。

在日本美术史上,根据绘画主题是否有宗教性将绘画分为宗教画和世俗画。大和绘一般被视为属于世俗画范畴,不过也有充满世俗画元素的宗教画作品。这两者相互关联。

密教从唐朝传到日本时,贵族阶层流行着汉诗文。当时的诗文主要是与壁画和屏风画有关的诗歌,这与唐诗诵吟的题材刚好重合,因此绘于宫中御殿内部的完全是唐风的风景画。但到9世纪后,以日本景物为主题的诗歌出现了,例如,《古今和歌集》收录的屏风歌已经有类似的作品。从此以后,屏风歌中的日本主题越来越多,这也意味着日本主题的屏风画和障子绘的流行。这些作品还被称为四季绘、月份绘、名所绘等。这些画的主题大同小异,总体称为"景物画"。尽管这一说法沿袭了中国的词语,但其内涵已经属于日本自身的了。

随着日本画的主题和风格的确立,10世纪末出现了"大和绘""倭绘"这样的新词语,以此与"唐绘"相区别。所谓倭绘、唐绘,一开始只是为了区分障屏画是日本题材还是中国题材而出现的名称。但随着大和绘景物画新画风的普及,唐绘的画风逐渐为大和绘所吸收。13世纪以后,以水墨画手法为特征的南宋画、元画的样式移植到日本,被称为"唐绘",而以往传统样式的世俗画则被统称为"大和绘"。唐绘在江户时代又被改称为"汉画"。

10世纪末出现的大和绘对日本绘画而言十分重要,但存世的作品极少。东寺的《山水屏风》作于11世纪后期,几乎是平安时期仅存的作品。现在可以根据文献得知,大和绘一开始通常对应四季的各种题材。比如,开春有元旦的雪、梅、莺;入夏有贺茂祭、插秧、鹈渔、瀑布、纳凉;秋天有七夕、月亮、秋草、鹿;冬天有雪景、山村、驱鬼等。当时大和绘通常绘制在日用家具的障子和屏风上,用旧了或破损了就会更换,这也是导致大和绘早期作品少且保存状态不佳的原因。

平安时代鲜有描绘在世的人或故人容姿的肖像画。不过到了镰仓幕府时代,在大和绘中出现了"似绘",即在小幅纸张上用细线条重叠描绘脸部轮廓的人物的素描。除肖像画外,似绘也有以牛、马为对象的作品,体现了娱乐性的作画风格,同时也受到宋朝人物画、肖像画和动物画的影响。似绘的手法对高僧肖像画也产生了影响,例如,高山寺《明惠上人像》描绘了明惠在高山寺后山松树上专心坐禅的身姿,极富临场感。

12世纪大和绘的另一个动向是"绘卷"大量出现。日本美术的独创性在12世纪院政时代的绘卷中体现得淋漓尽致。现存的绘卷都是12世纪以后的作品。其中《源氏物语绘卷》(12世纪前期)是将《源氏物语》54帖绘成约10卷的绘卷,现存4卷20帖。各帖由一个到三个场景绘制而成。当时文献中所言"女绘"指的就是绘卷中所谓"引目钩鼻"和"吹拔屋台"的"重彩墨勾画法"。《信贵山缘起绘卷》(12世纪后期)将居住在信贵山的僧人妙莲的神奇事迹画于3卷绘卷中。当时称为"男绘"的画法指的就是此画卷中富有连贯性和变化、运笔快速流畅的技巧特征。此外还有《伴大纳言绘卷》(12世纪后期)和《鸟兽人物戏画》(12世纪中期和镰仓时期)。这四件作品是绘卷历史初期最为出色的作品。

13世纪至14世纪绘卷在数量上已经成倍增长。按题材又可分为物语绘、歌合绘、合战绘、说话绘、寺社缘起绘、高僧传绘、歌仙绘。绘卷不仅是日本美术史界的重要财富，也日益成为史学界考证日本中世庶民生活的珍贵史料。

　　在南北朝时期，由于唐物趣味的强势流行、宫廷和公家政治上处于劣势等原因，大和绘领域似乎停滞不前。不过如果参考14世纪绘卷中描绘的屏障画，就可以看到从13世纪中期到14世纪，因合页技术的进步，屏风的包边消失了，画面形成了现今的六扇通屏形式，这种变化促进了画面整体统一构图的进步。

　　从东山至战国时期，大和绘画坛的核心人物是土佐光信及其儿子光茂等土佐派画家。光信成为宫廷内绘画制作机构"绘所"的长官"绘所预"，他充分利用这一身份继承了平安时代以来的大和绘画风。战国时代大和绘的另一个特征是风俗画的出现，其脱胎于结合四季自然景色描写民众生活的景物画传统。《十二个月风俗图》是为数稀少的传世作品，大和绘画师们用极为细腻的笔触将民众的生活描绘得栩栩如生。15世纪末，开始以京都市中心和周边地区为题材制作洛中洛外图屏风。现存最早的是旧町家藏本，描绘了1530年前后的京都。

　　江户时期以后，与在江户的狩野派相对，京城上层町众中也出现了具有独创性的艺术家，并使得桃山文化豁达的精神追求重回王朝美术。代表人物是本阿弥光悦与俵屋宗达。光悦与宗达为大和绘带来了新的革新。他们将王朝的风雅与桃山的豁达完美结合在一起。光悦出身于商贾世家，是一位十分多才多艺的设计家和文化人。宗达受其指导，留下了许多很有创意的作品。例如，《风神雷神图屏风》（建仁寺），宗达就以形态的自律性，如音符般得心应手地运用形状和色彩，使得画呈现出游乐世界的精神境界。

　　从元禄时期开始，江户美术的创作主体从统治阶级转向了町人阶层，而美术也一改桃山时代豪放的表现形式，蜕变为符合个人喜好的小市民性质。德川幕府虽然限制海外艺术的传入，但对中国传统的艺术和文化相对比较宽松。随着大量中国文人画风格的作品进入日本，日本形成了既保留了传统装饰性审美风格又融合了中国文人画风的新潮流——"南画"。而大和绘也逐渐和各种风格相融合，走起了更加平民化和装饰化的路线。

31 狩野派的兴与衰

狩野派绘画的初代画师狩野正信首次登上历史舞台是在宽政四年(1463)相国寺云顶院绘制壁画的时候,正式活跃于画坛则在成为幕府御用画师宗湛的继任者之后。据史料记载,除了受将军足利义政、足利义尚和日野富子①之命为将军家及相关人士作画外,正信还为管领细川政元、守护大名赤松政则作画,并常受邀为相国寺僧人们绘画。正信的绘画活动可谓十分繁忙。其绘画作品以水墨画风格的障壁画制作为主,同时也频繁地绘制肖像画和佛教画,而这原本应该是大和绘画师们擅长的领域。这也和其前任宗湛几乎从不染指水墨画外的其他画种形成鲜明的对照。或许这种"无所不长"的灵性,正是正信受到重用的原因。现在判明为正信的遗作有20件,代表作品有水墨山水画《周茂叔爱莲图》,人物画《崖下莲布袋图》,肖像画《日亲上人像》《足利义尚像》,佛教画《释迦三尊像》等。作品有着一脉相承的统一风格,明快而端庄。略微过度化的造型手法使得正信的作品受到不同阶层人士的喜爱。而后继者狩野元信也彻底继承了这种画风,以及在各个画种中自在转换的特色。从这一点来看,正信一开始就确立了狩野派风格的发展方向,被视为始祖确不为过。

继承父亲家督之位的长子狩野元信不论是在绘画风格还是在家族构成上都被视为狩野派真正的确立者。他虽然一丝不苟地延续了正信在佛像画、肖像画、水墨画等方面的画风,但中世美术略感阴暗的特质不复存在了,取而代之的是比父亲更加明快而严谨的风格。值得一提的是,元信成功地将绘画技巧总结成一套容易效仿的规范,称为"型"。当时,在效法中国画风的画师中流行着被称为"夏圭样""牧溪样"等模仿中国著名画家笔法而形成的绘画规范。而元信甚至将作品中的空间布局和具体物象的形态都一一加

---

① 义政的正室,义尚之母。

以规定,使得无论谁作画都能画出具有本派风格的作品。对于本派弟子而言,这种"型"的规则无疑令绘画十分容易学习。据说元信身边时常跟随着数十名弟子代替自己作画,大量培养门生使狩野派逐步建立起集团作画的组织和体制。元信的另一大功绩是丰富了狩野派的绘画题材。不仅能绘制大和绘专属题材的绘卷,还能画金壁画和风俗画,同时对源氏物语和三十六歌仙这些大和绘题材也不排斥。这些作品并非是对大和绘风格的简单效仿,而是注入了中国风格画师严谨的构图和强有力的笔触。这或许是因为正信早年曾师法土佐派,也因为土佐广信之女千代是元信之妻的缘故。总而言之,元信融合中日两国特色的崭新风格受到了广泛关注,从而赢得了广泛的受众阶层。

元信的三子狩野松荣继承了家督之位,其长子狩野永德是活跃于桃山时代的天才画师,集织田信长和丰臣秀吉的宠爱于一身。根据《本朝画史》(狩野永纳)记载永德自小就受到祖父元信的严格训练。重要作品有永禄八年(1565)的《洛中洛外图屏风》、天正七年(1579)的安土城障壁画及一年后所作《安土山图屏风》、天正十三年(1585)的大阪城障壁画等。大多数作品是在规模庞大的建筑上作画,显示出永德强有力的把控力和狩野一门的组织水准。永德在48岁时突然离世,其旺盛的创作生涯戛然而止,一种说法认为他死于过度劳累,这或许有一定可信度。永德的代表作几乎都已遗失,现存于大德寺聚光院的袄绘《四季花鸟图》是其重要作品。巨大画幅上充满节奏感的笔触和冲击力依然能让我们感受到代表桃山时代的永德的才华。

狩野探幽是永德的孙子,从年少时开始就作为德川幕府的御用画师活跃于画坛,率领弟弟尚信、安信等组成狩野门派活动于上方(京都、大阪地区)和江户之间。在这个过程中,他改变了狩野永德风格中夸张的巨树表现形式,画风变得淡泊潇洒。在探幽的水墨画意识中,已经开始探索超越画框的画面含义,大量余白充满了暗示性效果,成为表达自身情感的手段。从某种意义上说,这也是对室町水墨画的回归。同时从《四季松图屏风》(金地院)、《鹈饲图屏风》(大仓集古馆)等作品中亦可看到探幽的绘画向着大和绘的传统靠拢。除了障壁画外,他还尝试动植物和风景速写等。江户时代的绘画评论将探幽归类于和画而非汉画类别,这种打破大和绘和汉画界限的探幽画风成了整个江户时代画风的基调,影响力之大不言而喻。此外,江户画师中有不少人在初学阶段均受到狩野派的影响,因此江户时代的绘画充满了探幽绘画风的基调。

在探幽之后,桃山时代的狩野画师还有狩野山乐。天球院方丈障壁画是山乐及其养子山雪合作绘制的,是桃山风格金碧花鸟图袄绘的最后力作。山乐去世后,山雪将其画风的非现实性技巧特点表现得更加突出。山雪的子孙们后来固守京城,继承着半官半民的京都狩野的画业。

作为足利、织田、丰臣等历代统治者的御用画师,狩野派的地位长久不变,进入德川时代因为狩野探幽的功劳仍保持着绝对的权威。全国各地的画师如一张大网络,狩野派在所有画家之上,进行着指导和管理。狩野派画风贯穿始终的临摹方法十分适合初学者,但心怀抱负的门生则对此颇有不满。像伊藤若冲、喜多川歌麿等人最初拜在狩野派门下,后来觉得不能实现自己的志向,便离开狩野派开始寻求自己的道路。另一方面,还有因画风不守规矩而被逐出门派或因品行不端而被流放小岛的异端画家,如久隅守景和英一蝶就属于此类。

32 唐画的新样式

——日本南画

文人画是指江户时代从中国传入的"唐画",从时间上看这是第三次唐绘的风潮。从奈良时代到平安初期,随着密教从唐朝传入,日本贵族圈里流行着咏叹深山幽谷、神仙游历、凤凰飞舞等情景的唐诗、壁画和屏风。绘于宫中御殿内部的完全是唐风的风景画。在镰仓时代又出现了第二次"唐物"的传入,产生了宋元明风格的美术,尤其是以水墨画为主的绘画取代了程式化的佛画,并得到了新的发展。为了满足武将们对唐物的喜好和需求,日本开始仿造唐物,因此在绘画方面诞生了日本本土的"唐绘",发展出了水墨画的新门类。江户时代德川幕府对明清的贸易船态度比较温和,使得明清美术进入日本。在狩野探幽摹绘的《探幽缩图》中,摹写有新近传到江户的明代文人画,包括沈周、文徵明、文嘉、唐寅、莫是龙、陆治等人落款的作品。进入江户后期,日本画家更积极主动地加以学习,同时通过各种渠道吸收了明清画的各种形式。《芥子园画谱》等绘画技法书籍传入日本,逸然、大鹏等入籍日本的黄檗宗僧人皆有绘画的爱好,另外受沈铨、伊孚九等来日清代画家的影响,新的唐绘诞生了。毫无疑问,这在当时是最时髦的样式,反映了中国文人画在日本的流行状况。

按照当时日本画家们的理解,文人画就是明代董其昌所提倡的"南宗画",因此日本逐渐出现了"南画"的说法。因为南宗画表现了中国文人士大夫寄情山水的超凡脱俗的精神追求和文化理念,因此日本画师无不以此为楷模,并在中下层以武士为主的阶层流行起来。然而,日本的画家和知识阶层无法准确接触中国的风土及文人生活,因此将其无限理想化并充满憧憬,使得在技法层面日本的南画距离正确理解中国的南宗画相去甚远。然而,这种带有误解的追求又使得日本的南画从中国的南宗画的模仿中解脱出来,成为日本本土独树一帜的画种,具有独立的且十分丰富的文化价值。

祇园南海、彭城百川、柳泽淇园等人率先尝试明清画法，接着由池大雅与谢芜村自由改变南宗画法，创造出充满清新感觉的日本南画。中国的文人画与阶层意识密不可分，而日本只是将文人画当成纯粹的绘画理念加以效仿，并通过它去幻想摆脱身份框架的自由世界。在南画家们的作品中可以看到用锐利的刀法雕刻的篆书印章，通常是汉诗文，在画作上也随处可见明风书法写就的汉诗或古典诗句，充分体现了诗、书、画一体的中国趣味。这种氛围一致持续到二战结束前，除了被视为最后的南画大家富冈铁斋以外，南画也被西洋画家们所吸收。在日本绘画史上，南画最重要的意义就在于将个人的情感体验融入山水表现之中，这一点对于以逐渐形骸化的装饰艺术为主轴的日本美术而言有着十分特殊的意义。可以说，日本绘画艺术在近代逐渐从视觉化走向了更加纯粹的艺术表现领域，与南画的发展关联密切。

　　南画史上最初的集大成者无疑是池大雅。他虽为一介画师，但其高洁的人格和明快的书画风格得到同时代的禅僧和儒士及近代作家们的赞赏。池大雅擅长用笔墨的强弱、浓淡、方向变换来表现山水的丰富变化，使画面既富有韵律感又充满远近关系的明快感。池大雅酷爱游历和登山，曾登日本三大灵山——富士山、白山、立山，以及浅间山等，还去过江户、日光、松岛、金泽等地。亲自实践着中国文人理想——"游观山水，见造化之真景"。用彼时崭新的中国画的视角描绘着日本自然的另一种新丽之感。当时他在日本能看到的明清文人画作品极其有限，仅有《芥子园画谱》《八种画谱》等寥寥数种，不过他从中得到了许多启示，又从室町水墨画及光琳等人的绘画中汲取养分，最终形成了自己的风格。其代表作有《洞庭赤壁图卷》《兰亭曲水·龙山胜会图屏风》《潇湘八景图屏风》《青绿山水画帖》等。

　　与谢芜村是著名的俳句诗人，又是杰出的绘画天才，他与池大雅一起成就了日本南画。他20岁时出走江户学习俳句，以后在北关东地区漂泊并开始作画。宝历元年(1751)芜村回到京都，受当时在京城画坛颇具影响的沈铨的异国花鸟画的影响，其画风多变。后来在学习明清绘画的同时，亦吸收了室町水墨画的某些特长，终于在晚年迎来了圆润老辣的画境。尤其是使用"谢寅"为号的安永七年(1778)以后，在纤细的笔法中融入了明末吴派绘画的技巧，从而画出了令日本人倍感亲切的淡彩水墨画。此外还将俳谐的技巧引入绘画之中,使作品作为俳画的特征也得到体现。芜村与大雅合作的作品有《十便十宜图》,其他代表作有以丰富的诗情描绘寒彻雪夜中房屋鳞次栉比的《夜色楼台图》,从风中老鹰、乌鸦的身影中联想人生的《鸢鸦图》等。

自宽政至文化、文政年间(18世纪末—19世纪初),文人画传播到日本各地。以上方为中心的西日本,冈田米山人、浦上玉堂、田能村竹田、青木木米等画家的创作尤其活跃。同时关东地区武士出身的知识分子开始尝试关东南画的新画风。跟上方(即京都)的南画相比,他们更倾向于组合明清画风的各种技法。谷文晁是关东南画之父,他将明代流行的江浙画风糅合进南宗画法,并尝试绘制豪放大作。在其弟子中,渡边华山是较为著名的一位。

在江户末期,以富冈铁斋为代表的文人画家对近代化的冲击置之不理,依然游心于文人画家所憧憬的古代中国的神仙世界。铁斋出身于京都僧衣商家庭,自幼在国学、汉学、儒学、诗文等方面的修养颇深,在绘画方面汲取了文人画和琳派等大和绘技法,基本上是靠自学成才。他在担任神社官司时期读书旅行,并专注于书画创作。作为南画家,他在40岁时已经名声大噪,但60岁后的创作仍然不断,80岁后更是如此,十分难能可贵。他的著名作品《二神会舞图》描绘了猿田彦神与天钿女神的舞蹈场面,是89岁去世前夕的作品。铁斋之后,日本文人画的发展基本上停滞,不过,小川芋钱、万铁五郎、小杉放庵、梅原龙三郎、中川一政、熊谷守一等人,仍然以不同的形式加以继承和发扬。

33　艾努文化:从中心到周边

　　据考古学研究,人类是从距今 25 000 年前开始来到北海道居住的。当时的平均气温比现在低 7 至 8 摄氏度,海平面也更低。因此北海道与库页岛及大陆相连,形成被称为"陆桥"后通道。人类追逐着南下的动物狩猎而来到了北海道。这一时期北海道处于旧石器文化时期,和东北亚地域保持着类似的发展水平。北海道的先民将细小的石刃嵌入动物的骨片中制成枪头和刀具使用。

　　随着气候变暖和海平面上升,大约在 12 000 年前北海道成为岛屿,大型动物随之灭绝。当时的人们开始以狩猎栖身于北海道的野鹿为生,同时在北海道北部出现了土器制作的痕迹。约距今 11 000 年北海道进入了绳文文化时期。土器、弓箭、磨制石器等工具的使用使人们开始了定居生活,圆木舟也成为频繁使用的工具。以狩猎和采集为主要经济活动的形态一直持续到 9 000 年前。在绳文时代后期的遗迹中还出土了荞麦等栽培的农作物。北海道的绳文文化与日本东北地方的绳文文化有着许多相似之处,不过北海道西南部和东北部的土器形态有所不同。

　　到了距今 2 300 年,北海道没有外来文化带入的金属工具和水稻种植技术,因此一直到 6 世纪都继续保持着绳文时代的文化特征,被称为"续绳文文化"。北海道的土器扩散到日本的东北部和新潟县一带,同时在北海道中部还受到了库页岛南部的文化影响。

　　大约在 5 世纪至 6 世纪,库页岛以捕鱼和狩猎海兽为主,会饲养狗和猪的居民移居到北海道北部海岸,从 7 世纪到 9 世纪逐渐居住在从北海道东部鄂霍次克海沿岸到千岛群岛的广泛地区。他们制作被称为"鄂霍次克式土器"的特殊形态的土器。鄂霍次克人居住于大型的五角形或六角形竖穴式房屋中。房屋里通常装饰有大量熊的头骨,并且多爱在动物的牙和骨头上雕刻熊的形象。这种对熊的信仰与艾努文化有着一定的联系。此外,从大陆传来的青铜器也表明鄂霍次克文化与黑龙江中下游及俄罗斯沿海一带的文化有着十分密切的联系。鄂霍次克文化后被北海道的擦文文化所吸收,约在9世纪消失。

另一方面,在7世纪北海道人受到东北土师器文化的影响,土器上不再施加绳文而是用木片将表面整饬平整。这种土器被称为"擦文土器",这个时期的文化称为"擦文文化"。擦文文化的影响一直延伸到东北地方的北部一带,后随着铁器和漆器的传入,大约在12世纪末至13世纪,擦文文化终结。目前普遍认为擦文文化人就是艾努民族的祖先。

在《日本书纪》中描绘了阿倍比罗夫远征东北的事迹。与津轻、淳代(能代)、饱田(秋田)等地的"虾夷"(Emishi)一同登场的还有"渡岛虾夷"。这里的"渡岛"被认为是北海道。"虾夷"即"毛人",是大和朝廷对北方民族的称呼。另外根据《日本书纪》的记载,遣唐使在回答唐高宗皇帝时说,虾夷分三种,包括最远的"都加留"、稍近的"荒虾夷"和最近的"熟虾夷"。可见在"虾夷"这一称呼中包含了艾努民族的祖先。

在7世纪时,大和朝廷的势力扩展到今宫城县南部及新潟县中部一带,8世纪时进一步扩展到秋田县和宫城县。8世纪末被任命为政府官僚的虾夷人伊治呰麻吕掀起了反抗朝廷的战争,随后虾夷首领阿弖流为率军击败了朝廷派来的大军,不过后来又被朝廷任命的征夷大将军坂上田村麻吕战败。虾夷人的反抗在10世纪归于平静,到12世纪时,对"虾夷"的称呼由"Emishi"变为了"Ezo",这种变化似乎和擦文文化的终结有关。从这时开始,"虾夷"(Ezo)就成为特指艾努人的歧视性称呼。

在镰仓幕府时期,执权北条氏将现在青森县一带的管理权交给安藤氏代理,安藤氏以津轻半岛的十三湖(十三潟)为据点,负责管理流放至虾夷岛的重刑犯人,因此逐渐将势力扩张至北海道。在14世纪成书的《诹访大明神绘词》中,记载了这个时期的虾夷分属"日之本""唐子""渡党"三个集团。其中"渡党"主要是居住于北海道南部的和人,语言尚能相通;但"日之本"和"唐子"的语言则完全无法沟通。据此推断,"日之本"和"唐子"应该是两个艾努民族的集团。安藤氏所控制的和人逐渐开始和艾努人进行贸易,主要交易海豹毛皮、鹰鹫羽毛、海带、干鲑鱼等物产。安藤氏也因此获得了巨大的财富,被称为"虾夷管领"。

15世纪中叶在北海道南部发生了一次大规模的动乱,这就是1457年开始的"胡奢麻尹之战"。艾努人在首领胡奢麻尹的带领下攻占了渡岛半岛上和人12处据点中的10处,迫使和人退缩至上之国和知内一带居住。在此后约100年里,艾努人与和人之间屡屡发生战乱,最终上之国馆主蛎崎氏与艾努民族间达成协议,终止了战争。16世纪的时候蛎崎氏获得丰臣秀吉赐予的朱印状,从而获得大名的地位,随后改名松前氏,又得到德川家康的黑印状而建立了松前藩。

17世纪,艾努民族各部统一在强有力的领导者沙牟奢允麾下,不断与和人进行抗争。但是各部势力时而分裂时而联合,并没有形成一个整体。1669年,松前藩和沙牟奢允领导的艾努部族展开了一场战争。最终在一次谈判的酒宴上,沙牟奢允被刺身亡。这也导致艾努不得不服从和人的统治,并且从此在与和人的贸易中处于十分劣势的地位。随着18世纪商品经济和货币经济的发展,松前藩的商人承包了与艾努民族的贸易活动,并且向藩主的家臣缴纳营业税,形成了"场所请负制度"。由于本州岛对棉花等经济作物的需求日益增加,需要大量鲱鱼作为肥料,艾努人也不得不参与到捕鱼的经济活动中,从而放弃了传统的生活方式。1789年,国后岛及对岸的艾努人因不堪忍受和人的驱使和侮辱,愤而杀死了71名和人,引发了小规模的战斗,最终以将37位领导者处刑而收场。这也是艾努民族最后一次抗争。

在明治维新以后,日本政府将虾夷地改名为北海道,开始强行推行国家政治。同时设置开拓使,并为艾努民族制作户籍,正式将其编入了日本国民的行列。然而,同时又将艾努民族称为"旧土人",继续维持着对艾努族群的歧视性态度。随着一系列同化政策的推行,艾努民族逐渐丧失了自身的生活习俗和生活场所。

1899年,艾努民族生活陷入了十分困窘的境地。明治政府颁布了《北海道旧土人保护法》,名义上对艾努民族的经济生活和文化加以保护和施予援助,事实上却是将艾努民族进行农民化改造,推行和人风俗及教育制度,进一步使艾努民族同化为日本人。

这一体制整体上没有发生太大变化,一直延续到了第二次世界大战后。1946年,以提高艾努民族社会地位为宗旨的北海道艾努协会得以成立。20

世纪70年代,要求废止带有歧视性内容的《北海道旧土人保护法》的呼声日渐高涨,对于少数民族的待遇问题引发了种种争论,但一直没有定论。直到1994年,艾努民族出身的萱野茂当选为国会参议员,终于推动制定了《艾努文化振兴法》以取代《北海道旧土人保护法》。在这一法律中,确定了对艾努传统语言的保护及推进和普及艾努民族文化和历史的内容,从而使得艾努民族的文化受到了国民的关注。

纵观历史,艾努民族争取民族权力的历程漫长而艰辛,充分体现了文化体系内中心地带和边缘区域间的交涉和不平等的历史。

34 花道的历史

　　日本花道的出现和发展首先是受到日本独特的自然条件的影响。日本四面环海,中部多山,南北狭长且四季分明,风光多姿多彩,花草树木种类繁多。这使得用山野的花枝装饰室内的行为逐渐在日本文化和历史中定型下来,成为日本人精神生活的一部分。

　　花道在形成之初就被称为"立花",意在表示花束向上伸展,是迎接神的地方。这种意识源于早期日本对常绿树林所持的"万物有灵"的信仰。从这种信仰开始,通过佛教的传播,插花逐渐成了献给佛的供花。至今在药师寺举行的花会式上,还会使用10种花卉做成12瓶插花供在佛前。

　　在平安时代,贵族们居住在适合日本气候特征的寝殿式住宅中,一种被称为"花合"的高雅娱乐活动开始流行起来。在花合比赛中,参赛双方分别展示自己的花,来判别双方的花草孰优孰劣,同时还吟唱和歌。在花合中有一种形式叫"前栽合",就是人们汇集在某人的庭院中观赏种在那里的花草。这种前栽与后世的盆栽有着不可分割的联系。在《古今和歌集》中,可以感受到贵族们已经开始把花插在瓶中观赏的情趣。到了镰仓时代,不同于平安贵族非常怜惜落花的想法,武士认为落花具有一种悲壮之美。这是因为武家文化受禅宗思想影响很大,能在枯山水中感受到朴素而深刻的美。

　　而插花真正成型似乎是在室町时期。新兴武士阶层流行书院造风格的客厅。这种客厅有三个必不可少的要素:一是在挂佛画的下方设置押板,以供放置香炉和花瓶,后来和整个佛龛合二为一成为"床间";二是在纸窗前设置一张书桌,这被称为"书院",这也是"书院造"名称的由来;三是在神龛旁设置一段有高低差异的架子"违棚",和神龛左右呼应。三者共同构成了书院造的基本风格。书院造的成立也和室町幕府将军足利氏有着密切的联系。随着这种风格的形成,渐渐出现向佛龛供奉"三具足"的习俗,即花瓶、香炉和烛台。宽正三年(1462),京都六角堂顶法寺池坊的僧侣专庆(亦称

"池坊专庆")受武士之邀表演插花,备受京都贵族好评。池坊专庆亦被视为今天池坊流插花一派的开宗祖师。这件事被记载于东福寺禅僧的日记《碧山日录》中。这说明插花开始脱离向神佛供奉的思想,渐渐成为代表日本独特文化的艺术。

管理将军家客厅装饰的人被称为"同朋众",是一群半僧半俗的人,也叫作"阿弥",比如,绘画的叫能阿弥、艺阿弥、相阿弥等,主要负责挑选装饰客厅的画卷和器物的叫立阿弥。花瓶和立花的特色是在多次实践中逐渐形成的。《荫凉轩日录》是京都相国寺鹿苑院荫凉轩主的日记,其中记载了立花能手立阿弥是第八代将军足利义政时期御用的插花人。最早的插花理论书是《仙传抄》,成书时间大致在15世纪中期。其中记载了室町时代前半期到后半期的几种立花,依照日本传统艺能理念"序、破、急",将装饰于"三具足"的花称为"序之花",意为这是最端正庄严的花。同时也确立了花道重要的类型概念"真、行、草"。在这个时期,真花是指供奉于佛前或者在款待宾客等正式场合上的立花;行花是指装饰于书院一角的立花;草花是指不拘泥于类型和器皿自由装饰的立花。"序之花"也被特意叫作"真花",花心笔直树立,是立花中最重要的花。"真花"主要是由三根主枝来主宰,在《仙传抄》中说成是学释迦牟尼诞生时的样子,因此这种花形被视为最古老和最正统的插花形态,对后世产生了很大影响。

在16世纪前半期,活跃于大永年间(1521—1528)至天文年间(1532—1555)的池坊专应将插花称为"立花",他是六角堂顶法寺池坊的掌门。在其口传书《专应口传》中,谈及了生花与人生的意义,明显地把自己的立花与传统的插花区别开来,认为立花能够表现自然本身具有的气魄。池坊专应之后插花的样式渐渐得以确立,以此为契机,日本的插花开始分为有明确样式的"立花"和形式自由的"投入花"。

继承了池坊专应的池坊专荣在16世纪后期把立花进一步分为真、行、草三种。规定了真花用花瓶的形式。行花则被规定为放在押板的三具足两侧的花,以及在壁龛上方所挂的四幅一对的挂轴前作为装饰的花。草花则被规定为放在违棚和书院中的小型插花。同时那种被称为"投入花"的插花则是指一般的插花,花心要随意,不能笔直地立着。在安土桃山时期千利休创立了茶道之后,投入花作为茶室的花被继承了下来。

立花经过了安土桃山时期,到了江户初期的宽永年间(1624—1644),出现了第二代池坊专好这样确立了立花样式的名师。第二代池坊专好的活跃是与后水尾天皇分不开的。在后水尾天皇的庇护下,以朝廷为中心发展了立花活动。相对于以前立花是客厅装饰之花,专好的立花作为观赏对象,成为了艺术作品。后水尾天皇经常在宫里举办花会。据记载,仅在宽永六年(1629)一年之中就举行了20次花会,这些花会的指导者都是第二代池坊专好。这种花会就是以朝廷为中心的文化沙龙,许多画师、诗人和学者都被召集到一起。

在宽永年间,插花也开始成为富裕商人的赏玩对象。自宽永到元禄(1688—1703),解说立花的图书和花书的出版非常盛行。这些花书和以前的秘传书不同,它们是一些通俗易懂的解说书。因为主要读者是普通市民,所以这些书的出版使得立花普及的速度大大加快了。

35 江户歌舞伎

歌舞伎是在近代发展起来的一种与江户、大阪、京都等城市中的商人阶层关系密切的戏剧形式。这是用音乐和舞蹈讲述历史人物的功绩及城镇居民的生活，不论内容和形式都十分大众化。

歌舞伎的产生可以追溯到16世纪末17世纪初出现的女子巡回表演团体。通常把歌舞伎的产生归功于一位名叫阿国的女子。她是一个演出团体的团长，她的剧团表演音乐舞蹈和喜剧故事。女子歌舞伎之所以受到大众的欢迎，其中一部分的原因是这些女艺人同时也都是妓女。1629年，德川幕府以有伤风化的名义下令禁止有女性演员登台表演的歌舞伎节目，于是由青年和少年男子取而代之。但是，不久幕府又发现这些年轻的男性艺人也有出卖色相之举发生，于是又在1652年下令禁止青年和少年男子出演歌舞伎。

推崇儒家思想的江户幕府无法忍受歌舞伎带来的道德层面的败坏，决定只允许严肃正统的戏剧演员中的成年男子登台表演，这一规定无疑对日后歌舞伎的发展产生了深远的影响。到17世纪后期，歌舞伎全部的角色都由男性演员出演，戏目中的那些女性角色自然也是如此。在此期间，江户、大阪和京都兴建了许多歌舞伎剧院。

在江户时代，歌舞伎成为一种代表性的戏剧形式，与其积极吸纳了其他戏种的各种元素也有关系。包括能剧、狂言和人形净琉璃都进入歌舞伎的演出剧目中。到17世纪晚期，形成了三种不同的歌舞伎表演类型，分别是被称为"时代物"的历史剧(讲述历史人物尤其是著名武士的故事)、被称为"世话物"的当代剧(题材取自商人及其他城镇居面的生活和爱情故事)、被称为"所作事"的舞剧(主要是音乐舞蹈和哑剧)。

音乐是歌舞伎表演的基本要素。歌舞伎音乐偏爱使用新兴的流行乐器三味线。音乐伴奏包括舞台上的演奏和台下演奏。舞台上的演奏又包含

"歌物"(即诗歌体)和"语物"(即叙事体)两种。最重要的叙事体是"长歌",歌者随舞蹈表演而演唱诗句,这种音乐形式在江户时代的歌舞伎表演中特别重要。

最重要的戏剧派别是"清元节"(清元派)和"常磐津节"(常磐津派),二者都以创立者命名。清元派的表演愉悦欢快,常磐津派则深受"义太夫节"(义太夫派)人形净琉璃的音乐风格影响。

歌舞伎舞蹈的表演风格多种多样,不过都倾向于富丽奢华的风格。最著名的舞蹈都是为女性角色编排的。舞蹈的另一个重要元素是姿势的感染力,称为"见得"。在歌舞伎表演中,舞者会停下动作,转头,有时目光流转,并摆出一个姿势,暗示剧中的高潮时刻。此时,敲打木制响板伴随舞者的动作,从而突出戏剧效果和剧情起伏,并传递出强烈的情感和感染力。

在歌舞伎中,角色的设定是十分丰富的,主要包括以下一些类型。男性角色称为"男形",包括善良的男性角色"立役"、英俊而有魅力的男子"和事"、直爽的男子"实事"、英雄人物"荒事"、武士"武道方"。邪恶的男性角色为"敌役",包括邪恶的武士"实恶"、有魅力的邪恶男子"色恶"、邪恶的老男人"亲仁方"、为商人工作的邪恶男子"手代敌"、愚蠢的男子"道化方"、滑稽的邪恶男子"半道敌"。女性角色称为"女形",包括年轻女子"若女形"、娱乐场所的高级妓女"大夫"、年轻的平民女子"娘方"、邪恶的女子"毒妇方"、老年女子"恶婆"等。

36 日语的形成

如果按照历史发展的轨迹来看,日语的形成主要是沿着口语和书面语两个方向发展的。日语的口语与汉语没有直接的语言关系,但是在书面语方面,日语却借用汉语的书写形态。日本人在书写方面使用了汉字,或许这是因为汉字是他们接触到的第一种文字,而汉字独立成词的特点也比较符合日本人的语言习惯。然而,如果从日语口语结构的角度来看就会发现,事实上汉字并不是很适合日语的口语的。

随着时间的推移,日语文字系统按照代表日语口语发音的两种不同的字母发展成为对汉字的复杂的使用方式。这两种字母即是平假名和片假名。其所代表的发音规则被使用在各种不同的场合,并且反映出不同的阶级和性别。这种字母体系虽然也是从汉字的书写中派生出来的,同时借用了一部分汉语中的词语,但后来又使用了欧洲语言中的词语,因此,日语的文字和词汇体系变得十分复杂。

在历史上,日本也存在着不同区域的方言。这些方言产生的一个历史背景是国土被分成各个不同的区域,由于自然屏障的阻隔而产生了方言。一般情况下,这些方言存在着巨大的差异,一种方言很难被其他区域人所理解。与此同时,日语正式的书面语则不存在这些方言上的差异。

语言学家一般将日语的发展分为五个历史阶段:古代日语(8世纪以前)、后古代日语(9—11世纪)、中世日语(12—16世纪)、近世日语(17—18世纪)和现代日语(19世纪以后)。

日语的书写系统是从汉语衍生发展而来的,那么,日语与汉语应该有一些基本的联系。然而事实上并非如此。虽然在书写方面日语和汉语有一些相同之处,但两种语言本身没有从属关系。两种语言的结构并不相同。例如,日语遵循的是"主语—宾语—谓语"的句子结构,而汉语所采用的是"主语—谓语—宾语"的结构。日语和汉语没有亲缘关系,并且日语和其他任何语言都没有明显的联系。关于日语的起源有很多观点,有的认为和朝鲜语有亲缘关系,有的认为和南亚语言、中亚的阿尔泰语言或者波利尼亚语言有一定关系。日语的确有与朝鲜语相似的语法,并且与阿尔泰语有相似的数字系统和动词形式,不过这些似乎不足以证明日语语言的发生关系。

汉字最初大约在公元初的几个世纪传入日本,日本现存最早的文字作品就是用汉字书写的,写于 8 世纪初。在整个中世和近世,日本人根据作品在语言和文字方面的要求,在书写中以多种不同的方式使用汉字。最初,日本人主要采取两种方式在日语中运用汉字。一种是利用汉字的发音。这种用法忽略汉字原有的意义,赋予每个汉字一个音节。但是用这种方式产生的日语,不可避免地会出现多个汉字被赋予同一个发音的情况,这就增加了日语书写的复杂性。例如,在日本现存最早的文字作品《古事记》中,一共有 88 个不同的音节,但是用了近 1 000 个汉字来表示这 88 个音节。一种是利用汉字的含义。这种用法使用汉字的意义来表示日语中具有相同或相似意义的单词,而废弃了汉字的原有发音。

由于日语书面语混合性的特征,即汉语的书写和日语的发音相结合,所以在历史发展过程中,汉字的发音产生了两种方式,即"音读"和"训读"。音读指的是近似汉语原有发音的日语发音。一些汉字有多种音读方法,这是由汉字传入日本的历史时期和来源地不同所导致的。训读指的是与汉字意义相同的日语本土词汇的读音。同音读一样,一个汉字也有多种训读的读法。训读是将汉字和与其有着相似含义的日语单词匹配的结果,对于有着多种音读和训读的汉字而言,究竟应该使用哪一个发音取决于该汉字所使用的语言环境。

由于日语的发展受到国内和国外双重因素的影响,日语中出现了三种不同来源的词汇,即日语词汇、中日词汇和外来语。中日词汇指有汉语词源的日语词汇,通常用汉字的合成词来表示,一般表达抽象的概念,但是有一些汉字合成词完全起源于日本。外来语指从中国以外的其他国家借用的词汇。这些外来词汇反映的是传入日本的物质文化、新概念、专业术语等。例如,日语中面包和天妇罗来自葡萄牙语,啤酒则来自荷兰语。

下 编
日本文化的论考

37 异国的访客
——皮埃尔·洛蒂《秋天的日本》(1889)

皮埃尔·洛蒂(Pierre Loti, 1850—1923),本名朱利安·维奥(Julien Viaud),是法国海军军官和小说家。在环游世界的同时将所到之处作为背景,写出了大量充满异国风情的爱情小说,受到大众的欢迎。他在海军服役时,曾到过近东和远东,这些经验为他的作品提供了丰富的资源。他的作品包括《冰岛渔夫》《拉曼邱的恋爱》等书。他曾在1885年和1900年二度访日,写下了小说《菊子夫人》《梅夫人的第三春》及游记《秋天的日本》。

这其中洛蒂最著名的作品要数《阿菊》了。这是以他最初在长崎居住的一个月的经历为背景,将日本女友的日常生活原汁原味地记录下来形成的小说。作品中的"阿菊"像人偶般天真可爱,使欧洲人对日本女性的印象产生了巨大的影响。日文中的女孩"娘"(Musume)一词不仅成为法语中的词汇,还是意大利作曲家普契尼创作歌剧《蝴蝶夫人》时的蓝本之一。对日本充满无限憧憬的凡·高,其对日本的了解也主要来自这部作品。

同时,洛蒂对同时代的作家也有极大的影响。和他同一年出生于希腊的日本小说家拉夫卡迪奥·赫恩(Lafcadio Hearn,即小泉八云)醉心于洛蒂洋溢着异国情调的文笔,这也成为他前往日本的重要契机。在日本作家中,永井荷风终生都是洛蒂的忠实读者。此外,芥川龙之介从洛蒂在1885年访日时参加鹿鸣馆的派对而写下的《江户的舞会》①中获得了灵感,写出了短编小说《舞会》。可见,洛蒂的作品是近代西方世界日本印象的早期代表。

《秋天的日本》是洛蒂在1885年9月至11月游历于神户、京都、横滨、日光、东京等地而写下的游记。每到一处,洛蒂对所见的一切都充满着强烈的好奇,将所见所闻详细地记录下来,从头至尾贯穿着仿佛一位外星来客对

---

① 收录于短编集《秋天的日本》。

未知世界好奇又陌生的眼光,因此所记充满洛蒂本人特有的理解和评价。

例如,在第一章《圣地京都》就写了作者在抵达京都后立刻乘坐人力车在市内走马观花的印象。"京都的建筑鳞次栉比、变化万千,真是奇珍的世界!……在这个古代皇帝居住的京城,在广阔的范围竟然留下如此多的宗教建筑,堪称是一个精神的圣域。"对洛蒂而言,京都就像一个"杰克盒子",充满惊奇。让洛蒂真正震惊的是京都的三十三间堂。面对着密密麻麻的佛像,洛蒂意识到这里似乎并不是一个和文明无缘的野蛮世界,而是一种和欧洲基督教文明完全不同的且毫不逊色的文明。然而,对于这个陌生的文明形态,洛蒂表现出一种惧怕和敌视。看着面目狰狞的佛像,洛蒂没有尝试去真正理解其代表的含义,而是仅凭视觉上的观感,认为它们仿佛恶魔的化身。

在访问日本之前,洛蒂对日本充满了幻想。"我到日本后立刻会结婚。……选一个肌肤泛黄,头发黝黑,有着猫一样的眼睛,可爱的女子。……像人偶一般娇小可爱。……住在绿色的庭院和纸做的家中……周围种满花草。"(《菊子夫人》)来到日本后洛蒂的确这样做了,但他最终发现在自己的这种幻想下面,日本具有的和西方世界毫无相似之处的另一番景象,充斥着在西方人看来极难接受的自然崇拜、巫术和迷信。可以说,日本对洛蒂而言是真正意义上的文化上的"他者",既十分遥远又不可理解。

但是需要肯定的是,从此时开始,日本的真实面貌终于展示在了西方人的面前。洛蒂的作品在很大程度上左右了日本在西方人心目中的印象。

38 逃离西方的人

——小泉八云《不为人知的日本魅影》(1894)

拉夫卡迪奥·赫恩(Lafcadio Hearn,1850—1904)1850年出生于希腊,是新闻记者、游记作家和日本民俗学者。他在1896年取得日本国籍后改名为"小泉八云"。通过他的文字和作品,充满神秘感的日本之美才广泛地被世界所认识,同时他也因将古而美的日本生动地再现出来而广受欢迎。

小泉童年的经历对他的人生影响巨大。他出生于希腊圣毛拉岛,父亲是英国陆军军医的爱尔兰人,母亲来自西西里岛。同年随父母到父亲的故乡都柏林居住,但母亲对北欧的水土极不适应,患上了精神衰弱,在小泉4岁时独自回到了希腊。从此小泉再也没有见过母亲,对母亲的思念化作对希腊的向往之情。同时,小泉也怨恨父亲,并且发展为对整个西欧世界的敌意。随着父亲和爱尔兰女子再婚,养育自己的大姑奶奶破产,小泉不得不在19岁时只身一人去往美国。在美国通过不懈努力成为新闻记者的小泉对日本充满好奇,终于获得前往日本撰写报告文学的机会。1890年4月从纽约出发经历一个月的旅程,小泉终于抵达了横滨港。原本只打算停留两个月的小泉很快被这个充满未知的国度迷住了。他获得一个在中学教英语的职位,在远离城市和现代文明的乡村土地上感受着日本传统文化的魅力。随着以日本为题材的作品不断在西方发表,小泉一举成为以介绍日本著称的知名作家。1896年获得东京帝国大学教授英文学的教席,以此为契机举家迁到东京,并改名为"小泉八云"。

小泉来到日本后的第一部著作就是《不为人知的日本魅影》。对于在当时文明开化潮流中连日本人自己也渐渐忘却的民间信仰,书中却进行了热心而细致的考察。令人惊叹的是,作为一个并非专业学者的外国人士,小泉竟也屡屡表现出深深的理解和包容。这种文明论式的观察者的姿态使小泉最终成为一个日本文化的推介者。在书中小泉保持着和洛蒂完全不同的态度。小泉并不排斥日本传统文化中"野蛮的、恐怖的、泛神论的"偶像崇拜，且小心翼翼地仔细观察。在小泉看来，在暴力的、幼稚的表象之下，土生土长的神灵信仰真实地传递了古代先民朴素而真实的信仰状态。不论看上去多么原始和野蛮，也不论当代人的价值观念有多大的出入，也应该真诚地回归到这些信仰所代表的原初状态中去。

小泉与洛蒂对待日本文化的态度之所以如此反差，可以说与小泉本人对母亲的故乡古希腊文明的向往有关。童年的不幸遭遇使得小泉憎恶基督教这种一神论式的、权威主义的宗教，建立在其上的整个近代欧洲文明也都被他唾弃。同时他又将质朴的古希腊多神教文明理想化，从而无限向往。小泉如此热爱日本文化，也正是因为在他看来自己所向往的文明形态真实地存留于日本的传统文化之中。在这种感情的驱使下，小泉对日本文化的研究并不是简单地分析文献资料，从而建立一套抽象化的理论，而是通过细致入微地观察日常生活中的点滴细节来探讨日本人的情感和思想。他的这种方式也为日后柳田国男创建民俗学奠定了基础。

书中有一篇著名的文章《日本人的微笑》集中体现了小泉这种文化相对主义的立场。日本人的暧昧且频繁的微笑常被欧美人称为"Japanese smile"，并成为揶揄和歧视的对象。但是小泉指出了这恰恰体现了日本人纤细入微的体谅之心，这和过度强调个人主义及利己主义的西方式价值观相比高下立见。因此应该尊重日本的文化，理解其固有的文化含义。

39 亚洲文化共同体的理想
——冈仓天心《东洋的理想》(1903)

如果说新渡户稻造将日本武士阶层的文化形象推向了世界,那么同龄的冈仓天心(1863—1913)则是宣传了融会于茶道中的日本之美。

冈仓天心,本名觉三,生于横滨。出身福井藩一个武士家庭,父亲当时负责出口当地的特产生丝,在开港地横滨的本町经营店铺。这种环境使天心在幼小的年纪就接触到外国文化,并学会了英语,这些成为他日后能够活跃于欧美社会的基础。明治维新后冈仓家迁往东京。天心在1875年进入东京开成学校(1877年改编为东京大学)学习,成为学校首届学生。在这里他与极度推崇日本文化的美国教师费诺罗萨(Ernest Francisco Fenollosa)相遇,成为其助手,协助其研究狩野派绘画,在这一过程中天心自己也渐渐对日本传统美术产生了独特的见解。天心毕业后进入文部省,继续协助费诺罗萨致力于拯救已被社会日渐抛弃的日本艺术。

在西欧化、近代化的猛烈风潮中,天心顶住强大压力成为东京美术学校的筹建人之一。该校于1889年正式创立,培育了如横山大观、菱田春草等一大批艺术家。1898年,受到校内欧化派和洋画派人士的排斥,时任校长的天心被迫辞职。随后与一同辞职的横山等人创立了日本美术院,这个美术院在其去世后由横山等人重新发展,并获得了成功。1904年,天心远赴美国,来到波士顿美术馆的东洋美术部工作,此后为了帮助该馆收集美术品,奔波于日美之间。天心的后半生就此以美国为根据地,他通过撰写《东洋的理想》《说茶》等书籍和去各处发表演说,向欧美世界介绍日本传统文化和东方文化的魅力。

天心在积极推动传统日本美术复兴的同时,也将目光投向了广大的东亚地域。他在1893年中日甲午战争的紧张局势期间,依然造访了中国各地。1902年又来到印度,和泰戈尔及宗教哲学家维韦卡南达等人会面。天心对亚洲如此关注,是因为他认为日本文化是肇始于印度,发展于中国,并通过东亚大陆传到日本的亚洲文明的一部分。天心在访问印度期间便有了这种以整体的眼光审视东亚文化并寻找日本在这个体系里的位置的构想,终于写就了第一部专著《东洋的理想》。在考察美术的源流的同时,他也将宗教、思想等领域置于背景之中,阐述了亚洲文化从古印度发展至现代日本的脉络,尤其突出了日本集中体现了亚洲文化传统的重要地位。

概括而言,天心的亚洲文化理想有以下两个特征。第一个特征是亚洲文化的一体性。在书的序章伊始天心就写下了那句著名的论断:"亚洲是一体的(Asia is one)。"不曾想到,这句说明亚洲文化密切关联性的名言,在第二次世界大战前竟然被屡屡作为日本侵略亚洲、妄图建立"大东亚共荣圈"的理论依据而被反复提及,同时也因为在第二次世界大战后被视为美化侵略的口号而受到了猛烈批判。在历史沉渣泛起又归于理性之后,人们才逐渐意识到天心的本意。

在印度逗留期间,天心通过与泰戈尔等人会面,就曾支持印度摆脱英国殖民统治的独立运动,认为日本及亚洲各国应该联合起来对抗西方列强的殖民主义。这一观点在另一本著作《东洋的觉醒》中表现得更加明显。因此可以说天心的这一表述的确带有政治性的因素,但是同时天心自身也没有预见到在第二次世界大战时这一思想会被军国主义所利用。

在政治含义之外,天心试图表达的是东洋文化中有着超越地域、时代和具体环境之上的某种根本的共通性。在书中,天心认为东亚具有"不二一元"(advaita)的本质,因此在保持丰富多彩的地域特色的同时,也相互交流、融合,并渐渐成为一体。正是这种共通性的历史存在,才为亚洲各地的联合和对抗欧洲殖民主义提供了基础。

天心的亚洲文化理想的第二个特征就是对日本的定位。天心在重视民族、传统等日本固有文化要素的同时,更强调从大陆传播而来的外来文化要素对日本文明的形成所产生的巨大影响。因此,日本文明的意义就在于积极吸纳了印度、中国这两大文明体的文化要素并将其融合于自身的文化传统之中。

在天心所处的时代,人们普遍将近代化及工业化视为一种理所应当的发展方向。然而与大多数人不同,天心认为东亚文化有着丰富的精神世界,这是仅仅靠物质文明的发展所无法带来的。因此,近代西方的工业文明最终将会走向穷途,传统的亚洲文明应该得以发扬。可以说,天心的这种思想堪称20世纪后期出现的环保主义思想的先驱。

40 以日本文化观世界

——西田几多郎《善的研究》(1911)

和其他近代科学一样,近代日本的哲学也是在西方哲学思想传入之后才开始发展的。但是,日本的知识分子没有单纯地全盘接受西方的理论,而是在充分学习的基础上试图建立日本自己的思想体系。西田几多郎(1870—1945)的《善的研究》堪称这种潮流最早的代表性成果。几乎和柳田国男的《远野物语》在同一时期出版的《善的研究》尝试创造出带有日本独特性的哲学,因此,哲学界、普通大众均视其为重要的思想类书籍加以传播,并且和夏目漱石、白桦派文学等一起,成为大正时期教养主义①文化潮流的基石。在西田学说的延长线上,随后诞生了田边元、和辻哲郎、九鬼周造、三木清等学者,他们从文化论、人生论、艺术论等层面发展出个性十足的哲学论述。因为他们都和继承了西田以来的哲学传统的京都大学哲学系有关联,因此被概称为"京都学派"。

西田几多郎出生于石川县,在金泽第四高等学校就读时就立下了学习哲学的志愿。同期学生中还有后来将日本禅宗思想推广到西方世界的铃木大拙,二人从此时开始成为一生的挚友。西田随后考入东京大学哲学科,之后他一边接受康德等德国经典哲学思想的熏陶,一边开始到镰仓的建长寺和圆觉寺参禅。西田的哲学思想始终尝试将东西方思想加以融合,提出了在其自身的哲学研究中占据重要地位的"纯粹经验"概念。《善的研究》即以此概念为核心,建构了一个超越东西方思想隔阂的完整的观念世界。

在《善的研究》第一编第一章"纯粹经验"中,西田首先对"纯粹经验"进行了解释。"所谓经验,就是照事实原样而感知的意思。也就是完全去掉自

---

① 大正时期以来,在知识分子阶层形成的一种重视"教养"的思想倾向。与明治时期强调儒家文化的"修养"不同,大正时期的教养主义文化思潮重视吸收世界的优秀文化,同时发展具有日本独立性色彩的文化思想。

己的加工,按照事实来感知。一般所说的经验,实际上总夹杂着某种思想,因此所谓纯粹的,实指丝毫未加思虑辨别的、真正经验的本来状态。"①在第一编第四章"知的直观"中进一步说"'知的直观'是指所谓理想的,即通常所说的经验以上的那种直觉,也就是对可以辩证地加以认识的东西的直觉",而"真正的知的直观是纯粹经验上的统一作用本身,是对生命的把握,也就是像技术的诀窍一样的东西,更深一步说,就像是美术(艺术)的精神"②。将人类精神视为可以是一种纯粹存在的思想在西田同时代的西方学者中已经出现,但不同的是,西田并不将其仅仅视为抽象的观念或者心理的实验,而是用日常生活中具体的经验来加以解释。例如,用手工艺人熟能生巧的诀窍或者参禅体验中"无我两忘"的境界来进行说明。

另一方面,在第二编第五章"真正的实在的根本形式"里,西田对和"纯粹经验"平行相对的现实世界的实体加以解释:"实在的成立,如上所述,需要在其根基上具有所谓统一这样的东西,同时所谓相互的对立或者说矛盾也是必要的。"③西田由此思考出发,在后期的哲学研究中发展出了"绝对矛盾的自我同一"概念,这也是和黑格尔的辩证法及佛教的世界观相通的。随后,西田将"纯粹经验"归结到了宗教的境界。在第二编第十章"作为实在的神"中说:"我们称之为'自然'或'精神'的东西并不是完全不同类的两种实在。归根结底是由于对同一实在的看法不同而发生的区别。如果深刻的理解自然,就应当承认在它的根基里存在着精神的统一……而这个唯一的实在,如前所述,一方面是无限的对立冲突,一方面又是无限的统一,用一句话来说,就是独立自在的无限的活动。我们称这个无限的活动的根本为'神'。"④可以明显看到有着深刻禅宗体验的西田将"神"视为世界本身,而不是超越这个世界的存在。

在这样的脉络下,西田在以后的研究中进一步以日本文化的立场来思考世界,提出了"场"的概念。和西方世界以自我为思考的起点和基准不同,西田认为主体应该是放置于"场"中的主体,决定主体存在的场才是世界的

---

① [日]西田几多郎:《善的研究》,何倩译,商务印书馆1981年版,第7页。
② [日]西田几多郎:《善的研究》,何倩译,商务印书馆1981年版,第30页。
③ [日]西田几多郎:《善的研究》,何倩译,商务印书馆1981年版,第52页。
④ [日]西田几多郎:《善的研究》,何倩译,商务印书馆1981年版,第72页。

决定因素。而终极的场就是"无"。这也不是西方语境中的相对于"有"而言的"无",而是一种生发出各种存在的"绝对的无"。西田哲学由此完成了最终的建构,而"场"和"无"的概念中也充满着禅的思想和日本文化的体验。

西田哲学作为近代日本最具独创性的哲学思想传播甚广,但一度因为其对理论体系的否定及对主体的轻视,被视为反映了日本传统文化落后的一面而受到批判。不过在第二次世界大战后,西田哲学又因这种反理论性和反主体性的特征,被后现代思想家们看作具有超越西方合理主义思想的特质而再次受到推崇。无论如何,以禅的思想为基础发展而来的西田的思想无疑具有某种现代性和世界性的要素,是与第二次世界大战后的世界规模的反思潮流相吻合的。

41 日本民俗学的诞生

——柳田国男《山里的人生》(1925)

柳田国男(1875—1962)1875年出身于兵库县一个颇有名望的家族。父亲松冈操是儒士和医生。柳田在少年时代就记忆力非凡,酷爱读书,同时对短歌等诗歌文学充满兴趣。因为要上高中而来到东京后,他与田山花袋、国木田独步等交往甚笃,开始创作抒情性的新体诗歌。不过考入东京大学后他转而学习农政学,毕业后进入农商务省工作。从此柳田渐渐远离文学,开始关注日本社会和普通人的生活。在到全国各地的考察过程中,柳田着手调查和研究地方民众的文化生活,并在1909年写成了《后狩词记》,这是考察流传在宫崎县椎叶村一带的狩猎风俗的书。次年,又将流传于岩手县远野村关于"山人"的传说整理成《远野物语》,从而奠定了日本民俗学的基础。此后,柳田完全致力于将民俗学确立为一门系统性学科的事业。第二次世界大战结束后,柳田进一步提出"新国学"理念,将日本民族的起源、日本人的生死观等问题纳入了研究的视野,对民俗学的意义和内涵做出了新的解释。

柳田在收集和整理椎叶村和远野村的风俗传承和民间传说的时候,意识到传统乡村生活由两种不同的生活圈构成。一种是在平原上,村民们经营着以水稻种植为主的农业,并且集中在"里"居住。另一种是围绕在"里"周边的茂密丛林,有野兽出没,通常是樵夫和猎人的领地。虽然随着时代的发展,"里"的比重渐渐升高,"山"的痕迹逐渐淡化,但是相对于"里","山"的文化残留着古文化的形态,因此前期的柳田民俗学将"山"的文化作为研究的主题。这其中柳田最为关注的是代代居住在山里的统称为"山人"的种族的真实生活。

对关注这个问题的原因,柳田在1931年所做题为"山人考"的演说中进行了一番解释。他认为,山人是被外来民族驱赶至山里的原住民族的后裔。

虽然作为一个群体已经几近消亡,但对山人的记忆依然传承下来,形成日本民俗文化的底层特征。一个典型的例子就是被称为"大人"的巨人传说。这种传说出现在日本各个地方,柳田认为这就是残留在记忆中的对原住民族的印象。

《山里的人生》就是考察山人文化的集大成之作。此书以洋洋洒洒的篇幅,着重考察了在"里"中流传着的种种传说和民间故事,并依据这些对山人文化的各个侧面进行了整理。寻求与埋没于历史暗处的民族深层心理进行对话,这就是柳田民俗学基本的出发点。同时,书中还详细讨论了"山"与"里"的交流形态,最典型的莫过于物物交换和婚姻。柳田认为,两种生活圈密切相连,共同形成了近代以前的山村文化。《山里的人生》并不像《远野物语》那样,只注重将乡村中流传的故事如实记录下来,不做任何说明和阐释,而是在列举各个地方类似的事例之后,讨论这些传说在文化上的意义。因此,思考那些在现代人看来十分荒唐滑稽的传说背后所隐藏的事实根据和象征意义就是这本书最重要的价值。

进入昭和年代以后,柳田将关注的重点从"山人"为代表的原住民文化转移到和现代日本人直接相关的祖先"里人"上。这种定居于平原、以农耕为主的文化形态被称为"常民"文化。柳田对乡里平常生活中种种文化细节的观察与发掘,以及系统的、综合性的研究,终于使日本本土的民俗学得以开花并结果。柳田的民俗学对第二次世界大战后日本文化研究和文化观念都产生了极大的影响,其价值在于不再只专注于统治阶级的文化或者政治、经济等领域,而是将研究视野拓展至一般民众的日常生活和行为。同时对一直以来重视弥生文化(即"常民"文化)的倾向进行否定,强调了绳文文化(即"山人"文化)的重要性。因此,阿伊努民众、琉球地区等疏离于文化中心的边缘人员、地域也被接纳进文化研究的范畴,使得日本文化观念发生了根本的、全面的变革和扩展。

42 民艺与信仰
——柳宗悦《杂器之美》(1926)

柳宗悦(1889—1961)是日本民艺运动的创始者。他少年时期就读于学习院的初等科和高等科,和武者小路实笃、志贺直哉等人交往甚深,还作为白桦派的一员活跃于日本文坛。读书期间还结识了铃木大拙、西田几多郎等人。在念完高等科后来到东京,进入东京大学的哲学专业就读,研究宗教。他除了对宗教、艺术感兴趣外,对英国神秘主义诗人及画家威廉·布莱克和美国自由主义诗人沃尔特·惠特曼也推崇备至,逐渐开始寻求人与自然和谐共处的生存方式。同时他还结识了陶艺家伯纳德·里奇和浜田庄司等人,又在前往朝鲜旅行时对李氏王朝时期的陶瓷器产生了浓厚兴趣,开始关注日常生活中使用的茶碗器皿等陶瓷器具(即"杂器")。

1924年,柳宗悦在全国调查江户后期行游僧人木喰上人留在各地的木雕佛像,并在研究过程中逐渐发现了民间日常手工艺品的价值所在。在此基础上,他形成了民艺运动的基本理念。1926年,柳宗悦发表《杂器之美》,提出"民艺"("民众工艺"的缩略语)的概念,开始正式投身于民艺运动。以柳氏为核心,在浜田庄司、河井宽次郎等陶艺家的参与和大原孙三郎等实业家的资助下,终于在1936年创建了日本民艺馆。在这一过程中,柳宗悦尤其对冲绳地域独特的传统民俗文化给予了很高评价,对于普及和保护冲绳民俗文化发挥了一定作用。

1946年,柳宗悦在去往北陆地区的旅游途中,看到了净土真宗向民众传教时使用的被称为"和赞"的彩纸,上面用通俗易懂的方式写着佛经教义。他立刻被这种简朴的信仰方式所吸引,随后又得知"妙好人"的存在,这是对没有文化但虔诚向佛的平民信徒的称呼。他对净土宗的"他力信仰"说甚为欣赏,由此撰写了《美的法门》一书,这也标志着柳氏民艺学和宗教美学的完成。

虽然《杂器之美》是一篇被看作民艺学开山之作的论文,但全文并无严密逻辑和高深理论,仅由11篇断章似的短文加上一个序和跋连缀而成。在"序"中,柳氏认为宗教信仰之美因为纯粹,所以能够通过心无杂念的熟练匠人之手呈现出来,民艺和信仰得以融合为一。这就是柳宗悦所向往的"民艺"。接着他解释道:"说到杂器之美,或许会被认为是标新立异,甚至还会被认为是某种程度的反动。为了消除容易引起误解的联想,有必要在开始增加几点说明。所谓杂器,在此是指最一般的民众所使用的杂物器具。又因为是任何人都要使用的日常器具,故也可成为民具。总之,是极其普通的、谁都能买、谁都能拿的每天不能离开的用具,只需很少的钱就能买到;是在任何时间、任何地方都能够很容易找到的物品。或是'随身用的东西',或是'日常使用的',或是'厨房用具',等等。都不是点缀壁龛的东西,而是放在厨房中,或是散落在起居室内的各种器具。或盘或盆或柜或橱等,是在家里使用的物品,是一切日常生活中所必需的东西,其中没有任何贵重物品,都是居家常备的。"①

《杂器之美》最初发表时使用的题目是《下手物之美》。"下手物"即"粗陋、低级、下等、廉价的东西",与其相反,"上手物"是备受追捧的古董古玩。后来再次出版时才使用了"杂器"一词,因为柳宗悦意识到"下手物"之说带有轻蔑之意,必须从这种偏见中摆脱出来,重新认识"杂器"的价值。在柳氏看来,"上手物"有着多余的装饰,从而充斥着非自然的和人工的雕琢痕迹,只有"杂器"才具有天然的、不带修饰的、和器物本身的用途相符的艺术之美,这种美是带有某种必然性的美。因此,"民艺"中的"民"是指那些普普通通的、怀着对天地的敬畏、通过自己辛勤的劳作讨生活的民众;"艺"也并非是游离于实用性之外的艺术,而是指建构在实用性之上的"工艺"。

当初柳宗悦是以宗教学者的立场开始研究信仰的纯粹形式,从而发掘出民艺的价值,并认为纯粹的信仰和民艺中的纯粹性有着相通之处。柳氏

---

① 中文翻译参考《民艺论》(柳宗悦著,石建中等译,江西美术出版社,2002年)《杂器之美》167页。

的民艺思想既和西田几多郎"纯粹经验"的学说有一定关联,也和柳田国男的民俗学理念共通。时至今日,我们重新审视柳宗悦民艺学说时,不仅关注其文化学的贡献,同时也开始发掘其哲学上的价值。

43 古代日本人的世界观

——折口信夫《古代研究》(1929)

折口信夫(1887—1953)是一名民俗学者,同时又以"释迢空"为笔名活跃于诗坛,还发表过小说,堪称才华横溢的文人学者。他在幼年时代就学习国文学,渐渐对日本古代文化产生了浓厚的兴趣,与柳田国男认识及接触到柳田的民俗学是促使折口走上民俗学研究之路的重要契机。柳田对折口信夫可谓有知遇之恩,1913年,折口著文《三乡巷谈》,在柳田主持的《乡土研究》上发表,随后受到了柳田的器重。

不过,二人的民俗学研究在根本上反差颇为明显。柳田国男的民俗学始终保持着理性而客观的立场,认为传统的民俗文化与近代文明虽然在思考方式上有着根本的不同,但仍然有某种心理上及生活、环境等方面的原因可循,因此,他主张从实证的角度以现代科学的手法加以理论化和系统化的研究。折口虽然也认同这种治学的态度和方法,但很多时候可以说是凭借着自身的某种直觉来进行研究的。有时甚至以一种幻视的方式进行身临其境般的描述,仿佛本人就置身于古代生活场景之中,给人以强烈的现场感。折口在民俗研究之外进行的诗歌及小说创作也可以视为对古代文化生活的一种再现。例如,以当麻寺和中将姬的传说①为题材的小说《死者之书》就是一个典型的例子。书中以大津皇子的亡灵在暗夜中复苏开始,将古人的生死观淋漓尽致地展现出来。可以说,折口有着远超寻常学者的想象力,所以也常常被称为"诗人学者"。

1929年至1930年,折口最初的一部专著《古代研究》出版了。和柳田国男民俗学"常民"的概念相对,折口民俗学研究的关键概念是"客人(稀人)

---

① 传说藤原丰成之女中将姬在大和当麻寺出家,在一晚之间使用莲藕丝缝制了一幅净土曼荼罗图。虽名为"曼荼罗",但并非描绘佛教两界(金刚界、胎藏界)的图案,而是描绘极乐净土和地狱的样子,俗称"净土变相图"。

(Marebito)",意为来自远方的神灵,即来访神。折口提出的"客人文化论"是探索日本古代信仰和亡灵观念的重要假说。该书由"国文学篇""民俗学篇一""民俗学篇二"三部分构成,收录了折口近20年的研究成果。在"国文学篇"中,折口着重讨论了"国文学的发生"这一主题。他从各个角度探讨了古代日本人的世界观。除了介绍古代日本关于"客人"的各种传说外,他还认为关于这些造访人类社会的来访神的描述促成了文学的出现和发展,并且以早期歌谣、《万叶集》、《新古今集》等解释了这一过程。在"民俗学篇一""民俗学篇二"中,通过讨论记纪神话及冲绳地方的事例,探讨了早期日本的冥界信仰。折口用"常世(Tokoyo)"这个概念来表现古人的基本观念。所谓"常世",即永恒不变的神域。折口认为日本的先民相信存在一个超越现实世界之上的世界存在,与之对应的则是"现世(Utsusiyo)"。

　　古代人的世界观脱离于现代人的常识之外,充满诡异奇幻的色彩。但折口并不这样认为,在他看来,先民对于世界充满神秘色彩的描述潜藏着探究本民族起源的冲动,而这种冲动也存在于不论哪个时代的人们的内心深处。古代日本人所描绘的"常世"虽然处于日常世界的彼端,但并非像基督教的天国和佛教的极乐净土那样完全属于另一个世界,而是在大海的彼岸,那里的神在诸如正月等特定的时刻会造访现世世界,往来于两个世界之间,这就是古文化中的"客人"传说。折口十分重视琉球和南方群岛的文化研究,因为只有在远离本州岛的地域才残存着古代文化的痕迹。这一点和柳田国男也十分相似。折口不仅对来自海洋彼岸的神的传说,还对流传于各个地方的、来自天空和山林的来访神传说加以分析,推断神灵造访时的声响正是日语"访(Oto-zu·reru)"一词的语源。折口专注于探索文化的起源,但因为其独有的诗人气质使他对语音十分敏感,从而产生了融合语音发生学的文化学研究成果。

　　除了柳田国男、折口信夫之外,南方熊楠也以南方群岛地域为对象开展了独特的古文化研究。正如柳田所强调的那样,在外部文化进入日本之前的本土文化才是日本文化中的古层。日本本土民俗学家通过他们的研究使得探讨本土文化的起源成为一门真正意义上的学问,并在很大程度上影响了后世对日本文化的基本态度。

44 作为身体的日本文化

——九鬼周造《"粹"的构造》(1930)

可以说九鬼周造(1888—1941)是近代日本哲学家中独具魅力的学者。其父是历任驻美公使、帝室博物馆总长等要职的九鬼隆一,母亲波津是花柳界名人。在九鬼年少时,母亲因情感纠葛被父亲强制送入精神病院,并在那里度过了余生。这件事似乎对九鬼周造的人生留下了莫大的阴影,并且反映在其著作中。

作为和辻哲郎的同窗,九鬼在东京大学毕业后,于1921年前往欧洲留学。他先到了德国,随后去往法国,并在巴黎居住了很长一段时间。此间主要学习福塞尔、海德格尔、柏格森为代表的存在主义哲学思想,据说还聘请了当时尚不出名的萨特做家庭教师。他用学到的方法开始分析日本和东方文化,写出了成为《"粹"的构造》前身的论文。1929年,九鬼回国后收到了东京大学的聘书,同时陆续出版了《"粹"的构造》《偶然性的问题》等专著。在专业研究领域之外,他还频频撰写日本文化论、诗歌论、艺术论等方面的文章。

"粹(iki)"发音来自"意气"一词,是江户时代出现于市民阶层的一种审美观念。和"野暮(yabo)"相对,"粹"代表着一种简练明快,同时又很纯粹亲善的风格。本来是反映男女关系中的"真心"和"纯洁",所以使用了"粹"这一汉字。同时,"粹"并不仅仅是形式上的,还强调精神层面的追求。需要注意的是,这种理念带有很强的地域性和时代性。

《"粹"的构造》是一部运用欧洲哲学思想进行严密的概念分析,对日本文化观念进行体系化和理论化研究的作品。全书分为"绪论""'粹'的内涵""'粹'的外延构造""'粹的自然表现'""'粹'的艺术表现""结论"几部分。①

---

① 汉文翻译援引自《茶之书·"粹"的构造》(冈仓天心、九鬼周造著,江川澜、杨光译,上海人民出版社2011年出版)。该书中还收录了九鬼周造对冈仓天心的回忆录一篇和《茶之书》的魏敷训译本。

在"绪论"中,九鬼介绍了"粹"这一概念的民族性。他还指出,西语中尤其是法语中,也有"chic(高雅)""coquet(媚态)""raffine(洗练)"等类似的说法。九鬼认为,虽然在其他语种中也能找到部分对应的词语,但理解民族文化正确的态度并非是将形式抽象化后来寻找相似点,而应该是通过具体的体验来真正理解文化的内涵。因此,在"'粹'的内涵"一章中,从"对异性的媚态""傲气""达观"三个方面详细解释了"粹"的构成要素。接着,在"'粹'的外延构造"一章中,对与"粹"相关联的几个概念"上品""华丽""傲气""涩味"及反义的词汇"下品""朴素""粗俗""甘味"等加以分析,以此进一步明确"粹"的含义和与这些概念的不同。在"'粹'的自然表现"和"'粹'的艺术表现"两章中,又从身体表达尤其是与视觉有关的形式,以及艺术表现这两个角度,讨论了"粹"的具体形式。最后在"结论"一章中,九鬼再次强调了"粹"文化的民族性特征。

《"粹"的构造》在理论和方法上借鉴海德格尔的思想甚多。海德格尔的语言哲学分析十分重视语源。他认为,如果搞清楚词汇的语源,那么其含义也就明晰可见。同时海德格尔还认为,哲学不是对抽象概念的单纯思辨,而应来自对存在事物的了解。这种存在主义的哲学理念无疑就是九鬼撰写该书的出发点。九鬼认为,应该放弃从日本人日常生活中的点点滴滴中进行抽象化和概念化的做法,而将其作为文化现象进行仔细的观察。他在"结论"一章中说:"我们之所以认为经分析后得到的抽象概念的契机能够重新组合成现实中的'粹',是因为我们业已拥有了对'粹'的现实体验。"他还认为"'粹'的研究只有在民族存在的解释学中方能成立"。这就清楚地表明了九鬼周造的哲学建立在存在主义之上的态度。

可以说,九鬼对日本文化进行的"身体论"式的探讨和西田几多郎以来的精读学派的学者们一样,都是从不同的角度,用现代理念和方法研究日本文化的先驱性尝试,具有开创性的意义。

45 "阴翳美"的原理

——谷崎润一郎《阴翳礼赞》(1933)

谷崎润一郎(1886—1965)是一位前半生与后半生风格和艺术观念差异巨大的唯美派文学大师。他出身于东京日本桥的商户之家,是所谓的"正统东京人"。其处女作《刺青》(1910)也是以江户市民文化兴盛时期的平民聚居区"深川"为舞台,描绘了一位年轻的刺青师清吉在一个美丽的姑娘背上刺了一只毒蜘蛛,小姑娘因此化身为嗜杀男性的魔女的故事。在大正年间谷崎热衷于观看刚开始在日本流行的美国电影。1923年关东发生大地震,谷崎前往关西避难,以此为契机,谷崎的写作风格开始发生变化。当初,谷崎只打算暂时居住,但他对京都一带的风土人情和生活样式十分喜爱,于是定居下来,并渐渐开始有了关西腔的语言和受传统文化熏陶的生活情调。同时,他心目中的理想女性形象也从魔女、魅力四射的女性转变为宁静、安详、含蓄的女性。1928年至1929年,在《大阪每日新闻》报和《东京日日新闻》报连载的长篇小说《食蓼之虫》则以小说的形式展现了谷崎对传统女性审美意识的觉醒过程,而更进一步阐明这种审美意识内涵的是1933年发表的《阴翳礼赞》一文。

《阴翳礼赞》通过描写"阴翳"之美,将日本人传统文化中的审美意识生动地展现出来。这种精致、细腻、微妙之美在谷崎笔下以散文的形式表达,并成为他后期文学作品的一大主题。《阴翳礼赞》往往被视为一篇向传统美学回归的宣言。随后,产生于这种观念之下的作品被不断创作出来,例如,《刈芦》《春琴抄》《少将滋干之母》等。

《阴翳礼赞》的笔调轻松随性,在随笔般的文风之下,谷崎通过考察身边琐碎的日常体验,将阴翳之美一点点呈现出来。例如,他通过日本传统的厕所来谈日本人的审美:

我每次到京都、奈良的寺院，看到那些扫除洁净的古老而微暗的厕所，便深切感到日本建筑的难能可贵。客厅固然美好，但日本厕所更能使人精神安然。这种地方必定远离堂屋，建筑在绿叶飘香、苔藓流芳的林荫深处。沿着廊子走去，蹲伏于薄暗的光线里，承受着微茫的障子门窗的反射，沉浸在冥想之中。或者一心望着外面庭园里的景色，那心情真是无可言表呢。漱石先生把每天早晨上厕所当成一大乐事，说是一次生理的快感。要品味这样的快感，当数身处于闲寂的板壁之中，能看见蓝天和绿叶之色的日式厕所为最佳场合。为此，我再说一遍，一定程度的微暗，彻底的清洁，静寂得只能听到蚊蚋在耳畔嗡嘤，这些都是必需的条件。……故而，应该说最风流的地方是厕所。将一切诗化的我们的祖先，把住宅中本来最不洁净的地方一变而为雅致的场所，令其同花鸟风月相结合，包裹于依依难舍的怀恋之中了。西洋人总认为这地方不干净，在公众面前绝口不提，比起他们，我们要聪明得多，的确获得了风雅的真髓。①

　随后，谷崎列举了阴翳之美的种种表现。例如，和西洋闪闪发亮的餐具或者光滑的纸张相比，东方人更偏爱沉郁的、色泽温润的物品。西方人喜爱闪烁着光芒的钻石，但中国人偏爱略带浊滞之色的玉器。并且，像日本人那样在幽暗的房间里吸啜漆器中的汤汁也是极具禅味的举止。在建筑上，日本房屋简明的结构更是追求阴翳效果的表现。谷崎这样写道：

　　　如果把日本客室比作一幅水墨画，障子门就是墨色最浅的部分，而壁龛则是最浓的部分。我每当看到设计考究的日本客室的壁龛，总是感叹日本人十分理解阴翳的秘密，以及对于光与影的巧妙运用。为什么呢？因为这里并没有任何其他特别的装饰。很简单，只是以清爽的木料和洁净的墙壁隔出一片"凹"字形的空间，使射进来的光线在这块空间随处形成朦胧的影窝儿。不仅如此，我们眺望着壁龛横木后头、插花周围、百宝架下面等角落充溢的黑暗，明知道这些地方都是一般的背阴处，但还是觉得那里的空气沉静如水，永恒不灭的闲寂占领着那些黑

---

① ［日］谷崎润一郎：《阴翳礼赞》，陈德文译，上海译文出版社2016年版，第5页。

暗,因而感慨不已。我认为西方人所说的"东方的神秘"这句话,指的是这种黑暗所具有的可怖的静寂。我们自己在少年时代,每当凝视着阳光照不到的客室和书斋的角落,就因难以形容的恐怖而浑身战栗。那么这种神秘的关键在何处呢?归根到底,毕竟是阴翳在作怪。假如一一驱除角落里的阴翳,壁龛就会倏忽归于空白。我们天才的祖先,将虚无的空间遮蔽起来,自然形成一个阴翳的世界,使之具备远胜于一切壁画和装饰的幽玄之味。①

同时,谷崎还刻意强调了日本美学中的另一个重要元素,即暗影的效果。他认为那些纤细微妙之美如果在明亮的地方仿佛不甚显眼,然而在阴暗之处则立刻变得明显起来。尤其是那些豪华绚烂的泥金画,潜隐于黯淡之中,催发出无法名状的闲情余绪。

在文章后半部分,谷崎通过对女性美的描述,道出了阴翳之美的本质。那就是事物之美并不来自事物本身,而是来自事物与环境的关系。美不存在于物体之中,而存在于物与物产生的阴翳的波纹和明暗之中。离开阴翳的作用,也就没有了美。

在近代西方文明努力发展寻求事物本质的科学思维的同时,谷崎指出了一种异于近代文化的日本审美之追求。这种美学和冈仓天心、西田几多郎等人所提倡的美学理念也多有相通之处。可以说,在西方工业文明的冲击下,国家意识觉醒后的日本一方面尝试学习西方的科技,另一方面也将目光投向自身的传统文化,努力从中发掘极具启示的价值。这种有意或无意的探求使得日本文化反而在明治维新后的一个世纪里得到更加深入的理解,也形成了第二次世界大战后日本文化得以走向世界的基础。

---

① [日]谷崎润一郎:《阴翳礼赞》,陈德文译,上海译文出版社2016年版,第16—17页。

46 哲学与人学
——和辻哲郎《风土》(1935)

和辻哲郎(1889—1960)1889年出生于兵库县,在1906年来到东京念书,1909年考入东京大学哲学系,同时他对文学和艺术抱有浓厚的兴趣,与谷崎润一郎、小山内熏等人也有交往。此时正是一个青年人受到各种思潮巨大影响的时代,和辻也正是如此。在他早期对叔本华、尼采、克尔凯郭尔的研究中,展示出试图超越颓废主义、虚无主义思潮的姿态。大学毕业后,和辻因对夏目漱石大为倾倒,遂成为其门生,并逐渐走向哲学研究之路。和西田几多郎追求纯粹的哲学理念不同,和辻从更具体、更现实的人生哲学入手,在哲学的框架下探索人的意义。因此,人所处的具体环境(例如,民族、历史、风土等)都成为和辻关注的对象。在1919年出版了探访奈良寺庙的游记《古寺巡礼》之后,和辻又写了《日本古代文化》(1920)、《日本精神史研究》(1926)、《锁国》(1950)等一系列关于日本文化论的书籍。

1925年,和辻受西田几多郎之邀到京都大学任教,不久前往欧洲留学。他在德国听取海德格尔的课程,同时也广泛游历,这些经验促成其完成了一部大作《风土》。他从海德格尔《存在与时间》一书中获得灵感,认为空间与时间应被视为一个整体来阐释主体的存在,因此存在不应仅仅局限于"个体",还应该含有"社会"这个方面,同时不与空间相结合的时间并非真正的时间。只有当时间与空间相结合,历史才会显露其真正的面目,历史与风土也就是在这个维度上产生联系的。

《风土》第一章"有关风土的基础理论",介绍了风土的概念和对人之存在的制约;第二章介绍了风土的三种类型;第三章"季风型风土的特殊形态"介绍了日本风土的特质;第四章"艺术的风土性"描述了风土对日本艺术的影响;第五章"风土学的历史考察"讨论了赫尔德、黑格尔等西方哲学中的风土论。在书中第二章,和辻将风土分为"季风""沙漠""牧场"三个类型,并且记述了一段产生这种想法的经历。当他第一眼望见意大利南端的陆地时，映入眼帘的是不同于印度、埃及的欧洲田园绿茵。这种景象令他惊叹，同行的学者说"欧洲没有杂草"，这句话启发了他，成为他将欧洲的风土特征概括为牧场型的出发点。可见和辻从撰写《古寺巡礼》开始就一直保持了实地考察的风格。

所谓季风型风土，是指又湿又热的气候，这样的气候有着暑热和难以忍受的湿气，因此人的特征就是忍受和顺从，但与此同时也带来丰富的自然并且孕育出想象力和感性。这是以印度为代表的风土形态，但也是中国和日本等具有独立特征的类型。对于日本的风土，和辻认为同时有着"热带性"和"寒带性"双重特征。因此"感受性"在日本人身上表现得极为特殊。"它是一种沛然用出而又于变化中宁静持久的感情"，而且"它是季节性与突发性的并存"。① 由此总结日本人的国民性是一种双重性格：像台风一样猛烈的强度和在达观中的服从性。和辻随后又从艺术文化、社会组织、人际关系等侧面展开论述这一观点。例如，在论述艺术时，和辻认为欧洲的艺术井然有序，具有合理主义的特征，这是反映了自然臣服于人、受人管理的文化历史。而日本的艺术中的偶然性和不规则性则体现了人对自然的追随和服从。另外在人际关系上，季风型风土所具有的湿润也使得家族关系更加"沉静和谐"，也更容易产生大家族。

《风土》出版以后立刻受到瞩目，并引发了讨论。将世界的环境和文化分为三种带有地理特质的类型，并以此推论艺术、社会和人际关系的不同，这种庞大的构思和想象力是过去的"日本文化论"所没有的。但是，也因为其观察和分析中欠周密之处甚多而受到了极大批评。时至今日，和辻所提出的比较文明论的文化研究思路及生态学的视角都和梅棹忠夫《文明的生态史观》所持的态度如出一辙，已被视为20世纪末出现的生态文化观的先驱。

---

① [日]和辻哲郎:《风土》，陈加卫译，商务印书馆2006年版，第118页。

主要参考书目

中文书目：

永田广志，《日本哲学思想史》，商务印书馆，1983 年。
铃木大拙，《禅与日本文化》，生活·读书·新知三联书店，1989 年。
于长敏，《日本文化史略》，吉林教育出版社，1991 年。
依田憙家，《简明日本通史》，上海远东出版社，2004 年。
胡令远，顾春芳，《日本文化大讲堂·花道》，上海辞书出版社，2007 年。
叶渭渠，《日本文化通史》，北京大学出版社，2009 年。
威廉·E. 迪尔，《探寻中世和近世日本文明》，商务印书馆，2010 年。
尾藤正英，《日本文化的历史》，南京大学出版社，2010 年。
赵德宇，等，《日本近现代文化史》，世界知识出版社，2010 年。
何慈毅、赵仲明、陈林俊，《日本文化史的点与线》，南京大学出版社，2013 年。
谷川健一，《日本的众神》，社会科学文献出版社，2015 年。
末木文美士，《日本宗教史》，社会科学文献出版社，2016 年。
肯尼斯·韩歇尔，《日本小史：从石器时代到超级强权的崛起》，北京联合出版公司，2016 年。
辻惟雄，《图说日本美术史》，生活·读书·新知三联书店，2016 年。
吉村武彦，《岩波日本史》（第一卷），刘小珊、陈访译，新星出版社，2020 年。
吉田孝，《岩波日本史》（第二卷），刘德润译，新星出版社，2020 年。
保立道久，《岩波日本史》（第三卷），章剑译，新星出版社，2020 年。
五味文彦，《岩波日本史》（第四卷），杨锦昌译，新星出版社，2020 年。
今谷明，《岩波日本史》（第五卷），吴限译，新星出版社，2020 年。

日文书目:

上田正昭,《日本的原像》,角川书店,1975年。

大岛建彦、斋藤正二、大森志郎、村武精一、藤淑、吉田光邦,《知日大辞典》,社会思想社,1982年。

家永三郎,《日本文化史》,岩波书店,1999年。

丸山真男,《日本的思想》,岩波书店,2000年。

大久保乔树,《日本文化论名著入门》,角川学艺出版,2008年。

多人,《日本文化论关键词》,有斐阁,2009年。